AF217336

ullstein

Das Buch

»Sie brauchen nicht nervös zu sein, der Kapitän ist es auch nicht – und der macht den Anflug zum ersten Mal!« Viele Piloten scheinen einen ausgeprägten Sinn für Humor zu haben. Was sie dabei zu oft vergessen: Die Passagiere schätzen ihre flotten Durchsagen und Sprüche mitunter etwas anders ein …
SPIEGEL ONLINE hat Leser aufgerufen, über ihre kuriosesten und amüsantesten Erlebnisse an Bord zu berichten. Die Resonanz war eine Flut von Einsendungen, wie es sie in der Geschichte des Nachrichtenportals nur selten gegeben hat: Hunderte Zitate von Crew-Mitgliedern und Passagieren, die haarsträubend und lustig zugleich sind. Doch trotz skurriler Situationskomik, trotz zahlreicher verbaler Ausrutscher – diese Sprüchesammlung ist auch eine Liebeserklärung an die wunderbare Welt der Fliegerei.

Die Autoren

Stephan Orth, Jahrgang 1979, studierte Anglistik, Wirtschaftswissenschaften, Psychologie und Journalismus. Seit 2008 ist er Reiseredakteur bei SPIEGEL ONLINE. Als Vielflieger freut er sich über jede Abwechslung an Bord – nur das heftige Unwetter über den Dolomiten in einem altersschwachen Flugzeug möchte er nicht noch einmal erleben.

Antje Blinda, Jahrgang 1967, Diplom-Biologin. Seit 1998 ist sie bei SPIEGEL ONLINE tätig, zunächst als Dokumentarin, dann als Redakteurin der Ressorts *Auto* und *Reise* und seit 2007 als Ressortleiterin *Reise*. Ihr schönstes Flugerlebnis: eine Cessna-Rundtour über das Okawango-Delta mit seinen Elefantenherden – und einem Piloten, der extrem steile Kurven flog.

Von Stephan Orth und Antje Blinda sind in unserem Hause
außerdem erschienen:
Sorry, wir haben uns verfahren. Kurioses aus der Bahn
Sorry, Ihr Hotel ist abgebrannt. Kurioses aus dem Urlaub

Stephan Orth / Antje Blinda

Sorry, wir haben
die Landebahn verfehlt

Kurioses aus dem Cockpit

Die Jumbo-Ausgabe: Mit neuen Sprüchen

Mit Cartoons von Hauck & Bauer

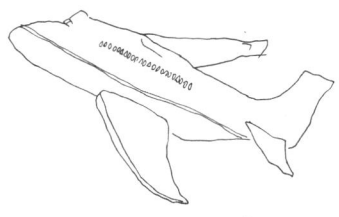

Ullstein

Besuchen Sie uns im Internet:
www.ullstein.de

Wir verpflichten uns zu Nachhaltigkeit
- Klimaneutrales Produkt
- Papiere aus nachhaltiger
  Waldwirtschaft und anderen
  kontrollierten Quellen
- ullstein.de/nachhaltigkeit

MIX
Papier aus verantwor-
tungsvollen Quellen
FSC® C083411

Erweiterte Neuausgabe im Ullstein Taschenbuch
1. Auflage November 2013
7. Auflage 2021
© Ullstein Buchverlage GmbH, Berlin 2010/2013
In Kooperation mit SPIEGEL ONLINE, Hamburg
Umschlaggestaltung: ZERO Werbeagentur, München
Titelabbildung: FinePic®, München
Cartoons im Innenteil: Hauck & Bauer,
www.hauckundbauer.de
Satz: KompetenzCenter, Mönchengladbach
Druck und Bindearbeiten: CPI books GmbH, Leck
ISBN 978-3-548-37518-2

Inhalt

Einleitung

Ein kleiner Flughafen in China in den achtziger Jahren: Das Flugzeug startet die Motoren, um vom Gate zur Startbahn zu rollen. Doch plötzlich schaltet der Kapitän die Triebwerke der Douglas DC-3 ab und macht die folgende Durchsage: »This plane ill! We take other plane!« (»Dieses Flugzeug krank! Wir nehmen anderes Flugzeug!«) Sämtliche Passagiere müssen in eine andere DC-3 umsteigen. Wieder starten die Triebwerke, werden aber kurz darauf abgeschaltet, und der Kapitän meldet sich erneut: »This plane even more ill! We take first plane!« (»Dieses Flugzeug noch kränker! Wir nehmen erstes Flugzeug!«)

Diese Luftfahrtlegende kursiert im Internet. Und wer sie liest, der wird amüsiert sein und zugleich froh, nicht an Bord dieser Maschine gewesen zu sein. Zu gut kann man sich vorstellen, was die Passagiere gefühlt haben müssen. Denn die lapidaren Feststellungen lösen Todesängste aus. Und sosehr das Fliegen heute auch zum Alltag gehört, so bleibt die Reise durch die Luft doch für viele unheimlich und faszinierend zugleich. Aufgrund der dramatischen Bilder in den Medien verankern sich die wenigen Flugzeugkatastrophen tief im Gedächtnis – wie im Januar 2009 das »Wunder vom Hudson River«, die glimpflich ausgegangene Notwasserung vor Manhattan, oder das Rätsel des wenige Monate später in den Atlantik abgestürzten Airbus A330 der Air France.

Außerdem ist es für Laien schwer zu begreifen, wie die tonnenschweren Maschinen der Schwerkraft trotzen können. Im Großraumflugzeug Airbus A380 etwa können über 500 Menschen mit einer Geschwindigkeit von über 600 km/h in mehr als zehn Kilometer Höhe um den Globus rasen. Vor nur wenigen Jahrzehnten war das noch kaum vorstellbar, genauso wie die Zahl der Passagiere, die Tag für Tag weltweit einen Linienflug nutzt: sechs Millionen.

Geht dann bei Durchsagen etwas schief, weckt das selbst Vielflieger aus ihrer Lethargie. Etwa wenn nach einer abgebrochenen Landung aus dem Cockpit zu hören ist: »Sorry, wir haben die Landebahn verfehlt«, erstarren die Fluggäste vor Schreck. Dabei müssten Piloten eigentlich Meister der Kommunikation sein – und erheblich redegewandter, als ein in der Branche kursierendes Bonmot erahnen lässt: »Worüber unterhalten sich Piloten im Flugzeug?« – »Über Frauen.« – »Und worüber sprechen Piloten, wenn sie mit Frauen zusammen sind?« – »Natürlich übers Fliegen.«

Wer im Cockpit sitzt, muss technisch wie sprachlich versiert sein. Piloten müssen ein Sprechfunkzeugnis besitzen, Morsealphabet und Radarfachtermini beherrschen. Sie wissen, was SSR, VMC, IFR und UTC bedeutet. Sie können die Start-up-Clearance (Erlaubnis zum Starten der Triebwerke) von der Take-off-Clearance (Erlaubnis zum Flugzeugstart) unterscheiden. Sie kennen Hunderte Flughafen-Codes auswendig. Und sie wissen, dass in einer Notsituation sprachliche Missverständnisse mit dem Tower oder dem Co-Piloten fatal sein können.

Die hohe Kunst bei der Kommunikation mit den Laien in der Kabine besteht hingegen darin, komplexe Zusammenhänge in eine Sprache zu übersetzen, die nicht zu technisch sein darf (»Meine Damen und Herren, wir mussten den VOR Approach intercepten, weil laut den ATC NOTAMs der Glide Slope inop ist.«), aber auch nicht zu stark vereinfachen sollte (»Sie müssen sich das vorstellen wie bei einem Windows-Computer.«).

»Die Wahrheit ist, dass Piloten und Mikrofone nicht immer eine gute Kombination sind«, schreibt Flugkapitän Patrick Smith in seiner Kolumne »Ask the Pilot« auf der Website www.salon.com. »Wenn wir technischen Jargon vermeiden wollen und versuchen, komplizierte Situationen in für jedermann verständlichen Sätzen zu erklären, haben wir die Tendenz, zu stark zu vereinfachen. Und eine Neigung zu angsteinflößender unfreiwilliger Komik.«

Unfreiwillige Komik hat jedoch schon manches Flugerlebnis zur einmaligen Anekdote gemacht, die – wenn wieder mal alles gutgegangen ist – ein Leben lang erzählt wird. Die Reiseredaktion von SPIEGEL ONLINE hat Leser aufgerufen, über ihre schlimmsten und amüsantesten Erlebnisse an Bord eines Flugzeugs zu berichten. Die Resonanz war eine Flut von Einsendungen, wie es sie in der Geschichte des Nachrichtenportals nur selten gegeben hat: Hunderte Zitate von Crew-Mitgliedern und Passagieren, die haarsträubend und lustig zugleich sind.

Die Erlebnisberichte zeigen auch, wie Piloten alltägliche und weniger alltägliche Situationen ihres Arbeitslebens mit Humor und Chuzpe meistern und wie Flugbegleiter mit Turbulenzen aller Art umgehen. So soll diese Sammlung kein Angriff auf den Berufsstand der Flugprofis sein, die täglich Millionen Menschen sicher von A nach B bringen. Trotz skurriler Situationskomik, trotz zahlreicher verbaler Ausrutscher – die folgenden Seiten sind auch eine Liebeserklärung an die wunderbare Welt der Fliegerei, der »ein bisschen mehr Humor« nicht schaden könnte, wie Flugexperte Reiner Kemmler sagt.

Wir wollen Ihnen die Lesererlebnisse nicht vorenthalten und nehmen Sie in diesem Buch mit auf eine Flugreise, bei der schon vor dem Start (Kapitel 1) die ersten Irritationen auftreten. Etwa wenn verkündet wird, dass unbeaufsichtigte Kinder entfernt und möglicherweise zerstört werden. Kurioser wird es noch, wenn bei der Sicherheitsvorführung (Kapitel 2) ein Utensil zum Anlocken von Haien vorgeführt wird und sich der Kapitän bei Turbulenzen (Kapitel 3) auf »Rock 'n' Roll« freut. Zur Beruhigung beim Auftreten technischer Probleme (Kapitel 4) trägt nicht bei, wenn die Stewardess Folgendes empfiehlt: »Beten!«

Wer sich in fernen Ländern ins Flugzeug setzt (Kapitel 5), muss sich schon mal auf Kühe, Kängurus und Krokodile auf der Landebahn gefasst machen. Auf Reiseflughöhe (Kapitel 6) angelangt, ist das Schlimmste bereits geschafft – wenn nicht plötzlich eine Stewardess schreiend durch die Kabine rennt. Oder Gewitter und Nebel (Kapitel 7) das Flugvergnügen trüben, während die Cockpit-Crew beginnt, die Nieten der Tragflächen zu zählen. Auch die Passagiere sorgen manchmal für

Aufregung (Kapitel 8), wenn sie etwa in einem völlig intakten Flugzeug voller Überzeugung verkünden, dass das Fahrwerk brennt.

Kommentiert schließlich die Stewardess eine harte Landung (Kapitel 9) bei Regen mit einem »Soeben haben wir Paris getroffen – und versenkt«, ist das Ziel erreicht. Aber erst sobald Kapitän und Tower sich über das Gate geeinigt haben und der Fluggast sein Gepäck auf dem Band entdeckt (Kapitel 10), dann hat auch diese amüsante Reise ein Ende gefunden.

Wir danken allen Einsendern der Zitate und Erlebnisse, ohne die diese Reise nicht möglich gewesen wäre.

Stephan Orth und Antje Blinda

Was haben Sie auf Flugreisen erlebt? Bei welchen Ansagen aus dem Cockpit verschlug es Ihnen den Atem, wann mussten Sie schmunzeln?

Schildern Sie uns Ihre Erfahrungen – und mailen Sie sie an pilotensprueche@spiegel.de. Die besten Einsendungen werden auf SPIEGEL ONLINE veröffentlicht. Mit der Einsendung erklärt der Absender, dass er die Rechte an dem Material besitzt und mit der Veröffentlichung einverstanden ist.

Kapitel 1

Vor dem Start:
»Den Rest der Strecke fliegen wir«

Blinkende Anzeigetafeln, piepsende Metalldetektoren, stechender Kerosingeruch: Für die meisten Passagiere machen die vielfältigen Sinneseindrücke den Aufenthalt am Flughafen immer noch zur Ausnahmesituation.

Die damit einhergehende Angespanntheit zeigt sich immer wieder am seltsamen Verhalten erwachsener Menschen in den Terminals. Da stellen sich Passagiere trotz Platzreservierung schon 30 Minuten vor dem Boarding an den Schalter, statt noch in Ruhe im Sitzen ein Buch zu lesen. Oder sie beschweren ihr Reisegepäck mit Chivas Regal und Chanel No. 5 aus dem Duty-free-Shop, obwohl beides manchmal keinen Cent billiger ist als zu Hause.

Es geht aber noch schlimmer: Zwei deutsche Senioren hielten es im Februar 2009 am brasilianischen Flughafen von Salvador für eine gute Idee, vor dem Einchecken noch kurz ihre Kleidung zu wechseln. Nachdem sie mitten in der Wartehalle ihre Hosen ausgezogen hatten, nahm die Polizei sie wegen Erregung öffentlichen Ärgernisses fest, zwei Stunden lang wurden die Männer verhört – und verpassten deshalb ihren Heimflug.

Am Amsterdamer Flughafen Schiphol versuchte im Juli 2009 ein Deutscher, mit einer geladenen Pistole im Handgepäck an Bord zu gelangen. Nachdem die Sicherheitskräfte zu dem Schluss gekommen waren, dass er keinen terroristischen Anschlag im Sinn hatte, bezeichneten sie seinen Versuch als »sehr dämlich«.

Ein Ehrenplatz in der Liste der Flughafen-Verwirrten gebührt dem ukrainischen Innenminister Juri Luzenko. Zusammen mit seinem 19-jährigen Sohn pöbelte er im Mai 2009 beim Zwischenstopp in Frankfurt offensichtlich sturzbetrunken gegen Lufthansa-Mitarbeiter und schmiss sein Handy umher, als die Polizisten eintrafen.

Wenn schon der Aufenthalt im Flughafen Männer und Frauen an den Rand des Nervenzusammenbruchs bringt, wie muss dann erst die Enge einer Flugzeugkabine ihr Gemüt belasten? Sind sich Piloten und Flugbegleiter bewusst, wie wichtig psychologische Feinfühligkeit bei ihren ersten Worten an die Fluggäste ist? Wohl nicht immer, wie dieses Kapitel zeigt – denn manchmal kann schon eine unpassende Filmmusik aus den Lautsprechern Angstzustände auslösen.

In diesem Kapitel:
Startbahnsucher, Ausparkaussetzer und verstörende Verzögerungen

Auf einem Flug von Bremen nach Frankfurt rollte das Flugzeug beim Start die ersten zweihundert Meter in Schlangenlinien und stoppte. Dann bog es wieder auf den Rollweg und fuhr erneut zur Startposition. Durchsage des Piloten: »Verehrte Fluggäste – mein Stuhl war nicht richtig fest und ist beim Beschleunigen nach hinten gerutscht. Ich habe den Stuhl nun richtig eingestellt, und wir können starten.«

Jörg Hertel, Bremen

Wir waren alle sehr überrascht, im startbereiten Air-France-Flugzeug auf dem Weg von Straßburg nach Paris die Melodie von »Spiel mir das Lied vom Tod« zu hören.

Achim Geiler, St. Louis, USA

Vor dem Start unserer American-Airlines-Maschine von Dallas nach Wichita Falls machte der Steward diese Durchsage: »Willkommen auf dem 25-minütigen Flug. Wir starten in wenigen Minuten, werden kurz danach unsere Reisehöhe erreichen und wenige Minuten später nach einem 45-Grad-Sturzflug auf dem Flughafen in Wichita Falls landen.« Dann fügte er noch hinzu: »Sie brauchen nicht nervös zu sein, der Kapitän ist es auch nicht – und der macht den Anflug zum ersten Mal!«

Michael Renemann, Spelle

Vor zehn Jahren wollte ich von Dallas nach Memphis fliegen, um dort meinen Anschlussflug nach Europa zu nehmen. Die Anzeigetafel in Dallas zeigte aber, dass mein Flug gestrichen sei. Leicht ungehalten fragte ich das Bodenpersonal, woran das denn bitte schön liege. Ob das Flugzeug nicht da sei? Die Antwort war niederschmetternd: »Nein. Der vorgesehene Pilot ist mit seiner Privatmaschine abgestürzt.«

Carolin Reese, Berlin

Vor dem Start unserer Air-Berlin-Maschine in Nürnberg machte der Pilot die folgende Durchsage: »Meine Damen und Herren, leider ist unser linkes Triebwerk ausgefallen, der Abflug verspätet sich daher, bis der Techniker den Fehler behoben hat.« Zu seinem Co-Piloten sagte er dann, bei versehentlich eingeschaltetem Mikrofon: »Mist, schon das dritte Mal diese Woche!«

Bastian Königsmann, Erlangen

Auf einem Flug von München nach Hamburg fiel die ursprünglich bereitgestellte Maschine aufgrund technischer Probleme aus. Mit Bussen wurden wir vom Terminal zu einem Hangar der Fluglinie gebracht. Hier stiegen wir dann in einen davor abgestellten Airbus A320 ein. Der Kapitän sagte: »Bei diesem Airbus ist eigentlich der C-Check fällig, aber bis Hamburg schafft er es auch noch.« Zum Glück arbeite ich bei Airbus und habe volles Vertrauen in unsere Produkte.

Malte Schön, Hamburg

Vor einem Flug von Chicago nach Las Vegas wurde wegen eines technischen Problems eine Verspätung angekündigt. Vom Warteraum aus konnte man sehen, wie irgendetwas im Triebwerk der Boeing 737 repariert wurde. Ein Mechaniker nahm dabei eine Coladose in die Hand, schnitt mit einer Blechschere ein Stück heraus und verbaute dieses im Triebwerk. Wir sind dann mit diesem Flugzeug geflogen. Das Triebwerk hat gehalten.

Dirk Fleckenstein, Frankfurt

Vor dem Start einer Maschine von Düsseldorf nach Berlin hieß uns die Stewardess willkommen: »Meine Damen und Herren, wir begrüßen Sie auf unserem Flug nach München.« Als sich schon Panik ausbreitete, meldete sich der Pilot: »Auch aus dem Cockpit einen guten Morgen. Pilot, Co-Pilot und Autopilot wollen lieber nach Berlin statt nach München. Wer will mit? Tja, wir sind ja schon zu dritt, dazu die Passagiere – ich denke, die nette Stewardess ist überstimmt. Also auf nach Berlin!« Die Stewardess hat sich dann bei allen Passagieren entschuldigt.

Hans Giesers, Bocholt

Nach langem Warten auf dem Flughafen der Insel Kos wurden wir mit dem Bus zu unserer TUIfly-Maschine gefahren. Als das Flugzeug bereits zur Startbahn unterwegs war, teilte uns der Flugbegleiter leicht verunsichert mit: »Meine Damen und Herren, ich glaube, hier liegt ein Missverständnis vor. Dieses Flugzeug fliegt nicht nach Stuttgart!« Man hatte die Passagiere der Flüge nach Stuttgart und Bremen zum jeweils anderen Flieger gebracht. Hätte nicht ein Passagier nach dem Wetter in Stuttgart gefragt, wäre das vermutlich nicht mehr rechtzeitig aufgefallen. Der Flugbegleiter sagte dann beim Aussteigen: »Nun, wir sind nicht die Bahn. Da steht außen wenigstens dran, wohin es geht.«

Carsten Petsch, Pforzheim

Vor einem Flug von Berlin nach Sofia standen wir 15 Minuten auf der Startbahn und rollten dann wieder zurück ans Gate. Aus dem Cockpit ertönte die Durchsage: »Leider gibt es technische Probleme. Wir wissen noch nicht genau, was es ist.« Ein paar Techniker, die an der Maschine arbeiteten, waren zu sehen. Danach rollten wir wieder in Richtung Startbahn, und es kam die Durchsage: »Das technische Problem scheint gelöst zu sein. Wir versuchen zu starten.« Nach dem lauten Raunen in der Passagierkabine korrigierte sich der Pilot nach einem Räuspern: »Entschuldigung: Das technische Problem ist gelöst. Wir starten.«

Matthias Kalbe, München

Vor dem Start unseres kurzen Inlandfluges mit einem kleinen Turboprop-Flieger der Finnair von Helsinki nach Turku erklärte der Pilot ganz trocken: »Ladies and gentlemen, we have a balance problem. Would two passengers please be so kind to sit in the back?« (»Meine Damen und Herren, wir haben ein Gleichgewichtsproblem. Würden sich bitte zwei Passagiere weiter nach hinten setzen?«) Der Abflug erfolgte erst, nachdem zwei Herren aus den vorderen Reihen in der letzten Reihe Platz genommen hatten.

Alex Hofmann, Stockholm, Schweden

Als wir eine ganze Weile in Berlin-Tempelhof auf unseren Abflug warten mussten, erklärte eine Stewardess: »Bitte entschuldigen Sie die Verspätung, aber der Pilot musste sich erst noch mit dem Flugzeugtyp vertraut machen.«

Norbert Busche, Bad Tölz

Vor dem Start einer United-Airlines-Maschine von Amsterdam nach Chicago begründete der Pilot die Verzögerung mit den Worten: »Coming in to Amsterdam we lost a door and we still need to fix that.« (»Auf dem Flug nach Amsterdam haben wir eine Tür verloren. Das müssen wir noch reparieren.«) Der Flug – mit Tür – verlief dann reibungslos.

Jutta Voigt, Frankfurt

Nachdem wir am Frankfurter Flughafen über eine Stunde im Flugzeug auf den Start gewartet hatten und endlich losgerollt waren, machte ein Steward diese Durchsage: »Es gibt eine gute und eine schlechte Nachricht. Die schlechte ist: Punta Cana ist 7000 Kilometer entfernt. Und die gute ist: Wir haben die ersten 300 Meter hinter uns!«

Udo Meyer, Santo Domingo, Dominikanische Republik

Mich hat folgende Durchsage auf einem deutschen Inlandsflug recht nervös gemacht: »Guten Morgen, meine Damen und Herren! Willkommen an Bord! Sie haben das Vergnügen, mit Kapitän Schulze (Pseudonym) zu reisen, der heute – im Rahmen seiner Ausbildung – erstmals ein Flugzeug ›live‹ fliegen wird.« Der Flug war problemlos, dennoch war ich bis zur Ankunft am Gate nicht sonderlich entspannt. Mir wäre es lieber gewesen, ich hätte diese Information erst nach der erfolgten Landung erhalten.

Regina Weigand, Leonberg

Nach dem Einsteigen in die Maschine der Delta Air Lines, mit der ich von Zürich nach Atlanta fliegen wollte, kam folgende

Durchsage des Piloten: »In unserer Avionik sind drei von fünf Lüftern ausgefallen. Damit dürfen wir nicht starten. Das Ersatzteil wird aus Paris eingeflogen.« Nach zweieinhalb Stunden Warten im Flugzeug folgte die nächste Durchsage des Piloten: »Nachdem nun die Lüfter eingebaut sind, haben wir festgestellt, dass sich die Landeklappen nicht ausfahren lassen. Wir bitten Sie noch um etwas Geduld, bis das Problem behoben ist.« Mein Sitznachbar, ein Pilot der damals noch existenten Crossair auf dem Weg in die Ferien, hatte diese Geduld nicht. Er rief lauthals: »Scheiß auf die Landeklappen! Die brauchst du nicht zum Starten!« Nach zwei weiteren Stunden ging es endlich los, der Flug verlief völlig ereignislos.

Thomas Tröscher, Freiburg

Vor einem Flug mit Austrian Airlines von Brüssel nach Wien stand die Maschine eine ganze Weile auf der Startbahn, ohne dass etwas passierte. Dann wandte sich der Pilot an die Passagiere: »Meine Damen und Herren, der Flughafensicherheitsdienst hier in Brüssel hat Gegenstände auf der Startbahn gemeldet. Der Take-off verzögert sich daher um ein paar Minuten, bis die Gegenstände weggeschafft worden sind. Sollte Ihnen das zu lange dauern, können Sie gerne aussteigen und mit anpacken.« Nach etwa zehn Minuten (und ohne Hilfe seitens der Passagiere) war die Startbahn frei, und der Rest des Fluges verlief normal.

Tobias Ertmann, Antwerpen, Belgien

Nachdem unsere Maschine der Delta Air Lines vor dem Flug von Philadelphia nach Frankfurt über eine halbe Stunde das

Gate nicht verlassen hatte, meldete sich der Kapitän kurz zu Wort: »I have good news and bad news: We have only minor technical problems but they will cause a major delay.« (»Ich habe gute und schlechte Neuigkeiten: Wir haben nur ein kleines technisches Problem. Aber es wird eine große Verspätung verursachen«)

Matthias Müller, München

Nachdem fast 25 Minuten vergangen waren, bis unser Airbus der Lufthansa endlich die zugewiesene Startposition am Frankfurter Flughafen erreicht hatte, sagte der Kapitän: »Meine Damen und Herren, das Schlimmste auf unserem heutigen Flug nach Barcelona ist überstanden: Wir haben die Startbahn gefunden.«

Jürgen P. Dreyer, Phuket, Thailand

Als wir schon über eine halbe Stunde in unserer Maschine auf dem Flughafen in Marseille auf den Start warteten, meldete sich der Pilot: »Meine Damen und Herren, die Verzögerung kam aufgrund technischer Probleme zustande. Zwei Techniker waren hier. Jetzt sind sie wieder weg.« Nach einer kurzen Pause fügte er hinzu: »Das heißt nicht, dass die Probleme behoben sind. Aber wir starten jetzt.« Selten habe ich so viele Menschen (mich eingeschlossen) gleichzeitig nervös lachen hören. Dann wurde es aber wieder ruhig, wir starteten und hatten einen problemlosen Flug.

Peter Schottes, Honigsee

Anfang Juni in Lissabon, ein nasskalter, trüber Tag. Unsere Lufthansa-Maschine nach Frankfurt konnte erst mit Verspätung die Parkposition verlassen. Bevor die Maschine endlich zur Startbahn rollte, sagte der Pilot: »Sehr verehrte Damen und Herren, unser Abflug verzögert sich leider um wenige Minuten. Wir haben noch ein paar portugiesische Flugzeugmechaniker am Fahrwerk hängen – und die möchten wir lieber hier lassen. Wir können ihnen ja nicht das schlechte Wetter in Frankfurt zumuten: 25 Grad und Sonnenschein.«

Katrin Faludi, Bad Vilbel

Morgens um 5 Uhr am Flughafen Köln/Bonn, kurz vor dem Start nach Korfu. Das Licht ging aus, das Licht ging an, das Licht ging wieder aus. Die kleinen Bildschirme, die über jeder zweiten Sitzreihe angebracht sind, klappten ein, klappten aus, klappten wieder ein. Und dann, als habe jemand den Stecker gezogen, soffen die Triebwerke ab. Dunkelheit, Stille im Flugzeug. Dann die Durchsage des Kapitäns: »Wie Sie sehen, haben wir Probleme mit der Technik. Nichts Tragisches. Sie müssen sich vorstellen, Ihre Autobatterie hat den Geist aufgegeben. Gleich kommt ein Fahrzeug, das dockt an, lädt uns sozusagen wieder auf. Dann starten wir. Und bis Korfu ist dann voraussichtlich alles wieder in Ordnung.«

Rüdiger Dittrich, Gießen

Als ich mit meiner Familie in einem vollbesetzten Flugzeug auf dem Flughafen von Salt Lake City auf den Start wartete, kam eine Durchsage der Stewardess: »Meine sehr geehrten Damen und Herren, der Pilot möchte nicht starten, weil die Maschine

überladen ist.« Die Nachricht war an sich schon etwas ungewöhnlich, aber viel schlimmer war dann die »Entwarnung«
eine halbe Stunde später: »Wir können jetzt starten, wir haben
einen neuen Piloten!«

Hendrik Dahlhaus, Neckargemünd

Flug von Chicago nach München: 20 Minuten nach Verlassen
des Gates rollte die Maschine immer noch Richtung Startbahn.
Dann die Durchsage des Flugkapitäns, leicht genervt: »Meine
Damen und Herren, Sie meinen sicher, wir rollen heute nach
München, ich kann Ihnen aber versichern, dass wir heute
noch abheben werden.«

Clifford Waybill, San Diego, USA

Bevor ich in London-Gatwick in ein kleineres Flugzeug nach
Hannover stieg, kam noch im Gate die Durchsage: »Meine
Damen und Herren, das Flugzeug, das Sie gleich betreten wer-
den, verhält sich vorzüglich in der Luft, hat aber leider am
Boden die Angewohnheit, nach hinten überzukippen, wenn
man das Heck zuerst belädt. Daher würden wir gerne Pas-
sagiere in den Reihen eins bis zehn zuerst einsteigen lassen.
Vielen Dank für Ihr Verständnis!«

Mirko Kamann, Keymer, Großbritannien

Vor dem Start eines Linienfluges der Debonair von München
nach Mönchengladbach im Jahr 1998 saßen meine Frau und
ich zusammen mit nur einem weiteren Fluggast an Bord einer
BAe 146, die 80 bis 100 Plätze hat. Die Besatzung schaute immer wieder nach, ob noch ein Shuttle-Bus mit weiteren Passa-

gieren käme, aber vergeblich. Schließlich startete die Maschine
mit drei Passagieren. Der Kapitän meldete sich: »Wir begrüßen Sie auf unserem Flug nach Mönchengladbach. Als besonderen Service bieten wir heute jedem Gast seinen persönlichen
Flugbegleiter.« Ein Jahr später war die Airline pleite. Kein
Wunder bei dem exklusiven Service.

Stefan Mayer, Utting

Als ich von Broome nach Darwin fliegen wollte und alle Passagiere bereits im Flugzeug saßen, kam die Durchsage: »Meine
Damen und Herren, leider müssen Sie die Maschine wieder
verlassen, da Sie im falschen Flugzeug sitzen. Ich weiß leider
nicht, wo Ihr Flugzeug ist, aber mit mir dürfen Sie heute leider
nicht fliegen.«

Julia Dietlinger, Penzberg

Auf dem Weg zur Startbahn für einen Flug von Berlin nach
Stuttgart krachte es schon nach wenigen Metern, und das
Flugzeug kam abrupt zum Stehen. Kurz darauf teilte der Pilot
mit: »Tja, meine Damen und Herren, Sie kennen das ja von zu
Hause: Das Ein- und Ausparken mit dem Auto ist nicht immer
einfach. Mit so einem Airbus ist das leider noch ein bisschen
schwieriger. Ich habe dummerweise beim Ausparken einen der
Landescheinwerfer beschädigt. Wir werden den Scheinwerfer
austauschen, dann geht es weiter.« Nach einer halben Stunde
meldete sich der Pilot erneut: »Leider hatte die Technik keinen
Ersatzscheinwerfer auf Lager, aber die Kollegen haben den
Schaden mit Klebeband fachmännisch versorgt. Ich habe mir
das angesehen, das ist in Ordnung. Lassen Sie uns einfach los-

fliegen, dann kommen wir noch im Hellen nach Stuttgart und brauchen den ohnehin nicht.«

Alexander Becker, Pfinztal

Nachdem sich der Start auf Samos schon einige Zeit verzögert hatte, ließ der Pilot die Passagiere wissen: »Liebe Fluggäste, das linke Triebwerk lässt sich nicht starten. Wir könnten auch mit nur einem Triebwerk fliegen, trotzdem warten wir auf ein Ersatzteil, denn die Besatzung möchte auch heil zurück.«

Joachim Meyer, Bremen

Unmittelbar nach den Anschlägen am 11. September wurden im portugiesischen Faro sämtliche Flüge eingestellt. Als wir am nächsten Morgen eine der ersten Maschinen bestiegen, die überhaupt wieder startete, begrüßte uns der Kapitän mit den üblichen Angaben über voraussichtliche Reisedauer und Temperatur am Ankunftsort und fügte hinzu: »Wenn alles gut läuft, werden wir Berlin lebend erreichen.« Richtig lustig fand ich das damals nicht.

Melanie Rau, Berlin

Vor einigen Jahren flog ich vom Flughafen Paderborn/Lippstadt abends zurück nach München. Ich war etwas spät dran, und alle anderen Passagiere warteten schon am Gate, so war ich der Einzige an der Security-Kontrolle. Die zwei netten Beamten, eine junge Frau und ein junger Mann, fragten mich wie üblich, ob ich noch Kleingeld oder Schlüssel in den Hosentaschen hätte, wenn ja, sollte ich alles aufs Band legen. Ich wollte einen kleinen Scherz machen und sagte, ich habe nur Großgeld dabei. Ich ging also durch den Metalldetektor und wartete auf der anderen Seite auf mein Handgepäck und die Kiste mit dem Sakko, die durch den Röntgenapparat gefahren wurden. Plötzlich sagte der Beamte zu seiner Kollegin, sie solle sich das mal ansehen. Beide starrten mit ernstem Blick auf den Monitor. Ich wurde nervös, war mir allerdings keiner Schuld bewusst.

Nachdem die beiden die Situation einige Sekunden ausgekostet hatten, kam meine Kiste aus dem Röntgengerät heraus, doch »hoppala« – oben auf dem Sakko lag plötzlich eine Pistole. Die junge Frau schaute mich ernst an und fragte streng, ob das meine wäre. Ich wurde wahrscheinlich etwas blass um die Nase. Aber noch bevor ich antworten konnte, fingen die beiden schallend an zu lachen. Da hatten die Spaßvögel doch heimlich eine Spielzeugpistole auf mein Sakko gelegt! Das nennt man dann wohl Revanche!

Marc Hillebrecht, Gleichen

In einer Air-Berlin-Maschine vor einem Flug von Palma de Mallorca nach Hamburg: Unser Flugzeug rollte langsam zur Startbahn, drehte dann aber um und rollte wieder zurück Richtung Terminal. »Meine Damen und Herren, es tut mir leid, wir haben ein kleines technisches Problem. Eine Warnlampe unserer Scheibenwischer will einfach nicht ausgehen.« Noch bevor wir das Terminal-Gebäude erreichten, drehte der Pilot erneut um und rollte wieder zur Startbahn. »Wie Sie gemerkt haben, hat sich das Problem erledigt. Wir haben einfach unsere Computer neu gestartet. Sie kennen das ja: Control-Alt-Delete – bei uns funktioniert das ähnlich wie bei

Windows.« Bei den Passagieren löste diese Anmerkung besorgtes Gemurmel aus.

Jan Marks, Palma de Mallorca, Spanien

Unser Flug von Riga nach Tallinn hatte große Verspätung. Das Flugzeug war noch nicht einmal in Riga eingetroffen. Das Bodenpersonal erklärte uns, dass die Maschine leider heute Morgen in St. Petersburg von der Landebahn abgekommen sei. »Aber wenn sie wieder frei ist, wird der Pilot sofort nach Riga kommen, um Sie zu fliegen!« Wir haben dann einen Mietwagen vorgezogen und sind die Strecke gefahren.

Olaf Stüwe, Neuenstein

Während wir mit unserer Maschine in Dalaman auf dem Weg nach Köln/Bonn zur Startbahn rollten, konnten wir rechts ein Flugzeug im Landeanflug sehen. Trotzdem begann unser Pilot mit dem Start und beschleunigte. Ein paar Sekunden später brach er den Startvorgang ab, wir wichen nach links in Richtung Gras aus und bekamen dank der Außenkamera noch mit, wie dicht das landende Flugzeug über uns hinwegflog. Der Kommentar des Piloten dazu war: »Da gab es wohl ein kleines Missverständnis zwischen dem Tower und uns. So etwas kommt schon mal vor!«

Philipp Blum, Aachen

Auf dem Weg zur Startbahn bei einem Olympic-Airlines-Flug von Athen nach Singapur kam diese beunruhigende Durchsage: »Sehr geehrte Passagiere, wir begrüßen Sie an Bord. Unsere 747 ist bis auf den letzten Platz besetzt. Die Zuladung der

Maschine ist vollkommen ausgereizt. Alle Tanks sind randvoll. Wir haben das maximale Startgewicht, das für dieses Flugzeug zulässig ist. Wir werden bis zum hintersten Ende der Runway fahren, weil die Startbahn leider sehr kurz ist.« In diesem Stil sprach der Kapitän bis zum Start weiter, während die Passagiere unruhiger wurden. Die Maschine ist dann auch sehr spät und langsam hochgekommen.

Martin A. Wielebinski, Halle

Im Jahr 2007 flog ich vom Flughafen Schiphol in Amsterdam nach München. Der Flughafen dort hat fünf Startbahnen, unserer Maschine wurde die zugewiesen, die am weitesten vom Terminal entfernt war. Es dauerte rund 20 Minuten, bis wir in Startposition waren. Der Pilot sagte trocken: »Den Rest der Strecke fliegen wir jetzt.«

Gerhard Greif, Freising

Durchsage auf dem Flughafen London-Stansted: »Please do not leave any children unattended. Unattended children will be removed and may be destroyed.« (»Bitte lassen Sie Ihre Kinder nicht unbeaufsichtigt. Unbeaufsichtigte Kinder werden entfernt und möglicherweise zerstört.«)

A. Kleinke, Leipzig

Ansage des Kapitäns, kurz nachdem Northwest Airlines Insolvenz angemeldet hatte: »Ladies and gentlemen, Sie haben die Wahl, mit welcher bankrotten Airline Sie fliegen wollen. Vielen Dank, dass Sie sich für unsere entschieden haben.«

Sören Papsdorf, Washington, USA

Flug von Denver nach Jackson Hole in den USA, eine kleine Maschine mit circa 20 Plätzen. Alle Plätze waren belegt. Der Pilot hatte gerade seine Außenbesichtigung des Flugzeugs abgeschlossen, betrat die Maschine und fragte die einzige Stewardess: »Passengers or cargo today?« (»Haben wir heute Menschen oder Fracht?«)

Reinhard Edelmann, Berlin

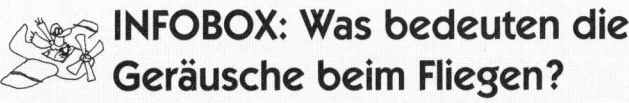

INFOBOX: Was bedeuten die Geräusche beim Fliegen?

Neben dem gewöhnlichen Dröhnen während des Fluges rumst, klingelt, scheppert und summt es an Bord. Vielflieger sind mit sämtlichen Sounds vertraut, doch was sie bedeuten, wissen die wenigsten. Hier ein Überblick:

Vorm Abfliegen: Der bordeigene Stromgenerator summt, Fracht wird mit einem Rumpeln geladen, und die Frachttür schließt sich polternd, die Crew verstaut scheppernd und rumsend Essenscontainer in der Bordküche. Die Triebwerke starten mit einem Dröhnen. Auf dem Weg zur Startbahn rumpeln die Räder über Unebenheiten, quietscht und knarrt die Verkleidung des Flugzeugs.

Beim Start: Kurz vor dem Abheben fahren die Triebwerke auf Hochleistung. Dröhnend löst sich das Flugzeug vom Boden, mit einem dumpfen Schlag lösen sich die Räder vom Boden, mit einem Rumpeln fährt das Fahrwerk ein, und die Abdeckklappen des Fahrwerkschachts schließen sich, surrend fahren die Landeklappen per Hydraulikantrieb ein. Das Triebwerk wird leiser.

Beim Fliegen: Mit Klingeln und Gongs kommunizieren die Piloten mit der Crew (»Kaffee!«), die Passagiere mit den Flugbegleitern (»Decke!«), und das Cockpit mit den Passagieren (»Anschnallen!«). Die Triebwerke dröhnen, der Wind strömt pfeifend über die Außenhaut.

Beim Landeanflug: Die Triebwerke werden leiser, da der Pilot Schub wegnimmt. Die Landeklappen werden ausgefahren, das Fahrwerk rumpelt nach draußen. Kurz vor dem Aufsetzen heulen die Triebwerke auf, der Pilot nimmt so letzte Korrekturen vor.

Bei der Landung: Die Räder setzen auf, die Bremsklappen springen hoch, grollend startet die Schubumkehr, um das Flugzeug abzubremsen. Die Maschine rollt klappernd über die Markierungslampen auf der Rollbahn. Die Gangway wird mit einem Wumm angedockt. Angekommen!

Kapitel 2

Sicherheitseinführung: »Drücken Sie die Stewardess fest auf Mund und Nase«

Sie schwenkt die Arme, lässt Gurtschnallen zuklicken, pustet andeutungsweise ins Röhrchen: Die Stewardess ist zum »Sicherheitsballett« angetreten, wie Vielflieger die Einweisung vor Flugbeginn bezeichnen. Mit ausgeklügelter Choreographie und leicht gequältem Lächeln ringt sie um die Aufmerksamkeit eines wenig dankbaren Publikums. Dieses vertreibt sich die Wartezeit bis zum Start hinter raschelnden Zeitungen, mit einem Schwatz unter Kollegen oder versucht, mit angstfeuchten Händen die Fassung zu bewahren. Eine Szene, die sich tagtäglich unzählige Male auf Flughäfen abspielt.

Der Crew auf einem Flug von Köln nach Manchester jedoch gelang es, ihre Fluggäste aus der Routine zu reißen. »Ihre Schwimmweste verfügt über eine neckische Leseleuchte, die beim Kontakt mit Wasser automatisch aufleuchtet«, blödelte eine der Flugbegleiterinnen, »sowie über eine Pfeife, um Haie anzulocken.« Sie zog sich den gelben Rettungskragen über und zupfte vor einer amüsierten Zuhörerschaft an den Strippen.

Die grellfarbene Weste ist oft der Höhepunkt dieser Ballett-aufführung an Bord eines Flugzeugs – auch wenn von Meer, Fluss oder See weithin nichts zu sehen ist und etwa in Europa die wenigsten Flüge über größere Wasserflächen führen. Aber auch wenn es über den Ozean geht oder auf einer Piste am Meer gelandet wird, ist die Wahrscheinlichkeit, nach einem Absturz im Wasser zu treiben, im Jet-Zeitalter verschwindend gering. Und damit auch die Sicherheit, die eine Weste bieten kann.

Bei Flügen über Land sind europäische Fluggesellschaften nicht verpflichtet, Rettungswesten mitzuführen. Aber sie tun es, obwohl das Gewicht der Westen den Treibstoffverbrauch erhöht. Logistisch wäre das Aus- und Umpacken zu aufwendig, heißt es, doch noch ein Faktor könnte eine Rolle spielen: Der Kontrollgriff nach dem Paket unter dem Sitz wirkt beruhigend auf flugängstliche Passagiere. Die zwar nicht der Hochtechnologie des millionenteuren Flugzeugs vertrauen, aber ihre Hoffnungen in das dünnschichtige Nylon-Utensil setzen – samt Pfeifchen, Lämpchen und Aufblasautomatik.

Der Glaube an die Rettungsweste ist so groß, dass Air Canada Jazz im August 2008 einen Sturm der Entrüstung entfachte, als sie – mit den Gesetzen ihres Landes konform – beschloss, auf Rettungswesten zu verzichten, und Sitzkissen als Schwimmhilfen deklarierte: Die kanadische Regionalfluglinie wollte Kerosin und Kosten sparen. Dass sie damals praktisch ausschließlich über Festland flog, beruhigte wenig. »Wie sollen sich denn Arthritis-Patienten an ein Kissen krallen«, entsetzte sich eine Frau im Fernsehen und sah sich ihrer Sicherheit an Bord beraubt.

Da nehmen viele Fluglinien wie Lufthansa, Alitalia oder Singapore Airlines mehr Rücksicht auf die Gefühle ihrer Kunden: Sie verzichten sogar in ihren Flugzeugen auf die Sitzreihe 13 – damit Flugangst und Aberglaube sich nicht potenzieren.

In diesem Kapitel:
Schockierende Sicherheitstipps, sinnlose Schwimmwesten und singende Stewardessen

Auf einem Flug von Bangkok nach Malaysia war die Maschine der Malaysia Airlines personell nur sehr dünn besetzt. Da der Flug zudem kurz war, fragte die Stewardess, ob wir einverstanden wären, auf die Sicherheitshinweise zu verzichten. Alle waren es, bis auf eine ältere amerikanische Dame. Daraufhin ging die Stewardess zu ihr und sagte: »Listen Lady, it's very easy: we crash, you die!« (»Hören Sie zu, es ist ganz einfach: Wir stürzen ab, Sie sterben!«)

Michael Holtz, Würselen

Auf einem Lufthansa-Flug von Hamburg nach Frankfurt erklärte die Crew: »Bei einem Druckverlust ziehen Sie eine der Stewardessen ganz zu sich heran und drücken Sie sie fest auf Mund und Nase.« Da schauten sogar die vielen Geschäftsleute und Vielflieger morgens kurz nach 6 Uhr lächelnd hinter der Zeitung hervor.

Dirk Hüttemann, Berlin

Bei der Sicherheitseinweisung vor unserem Flug teilte die Stewardess mit: »Auch in den Toiletten fallen zwei Sauerstoffmasken herunter, was aber nicht bedeutet, dass Sie zu zweit auf Toilette gehen dürfen.«

Frank Ahland, Monheim

Auf einem Flug von Budapest nach Frankfurt sprach der Kapitän nur in Reimen. Nach dem Boarding sagte er: »Da nun alle sind an Bord, fliegen wir nach Frankfurt fort. Nun machet alle Luken dicht, vergesset mir die Treppe nicht.«

Heinz Rothermel, Beerfelden

Vor einem Flug während des Orkans »Kyrill« wurden wir nach dem Boarding mit der Ansage begrüßt: »Sehr geehrte Damen und Herren, wie Sie sehen, haben wir eine alte Maschine, aber das ist gut so, die ist nämlich stabiler als die neuen. Wir bringen Sie sicher nach Frankfurt. Außerdem können Sie froh sein, in einem Flugzeug zu sitzen. Momentan ist es in der Luft nämlich sicherer als auf dem Boden.«

Jörg Schmid, Frankfurt

Auf einem Hapag-Lloyd-Express-Flug von Köln nach Manchester gab es diese Sicherheitseinweisung: »Ihre Schwimmweste verfügt über eine neckische Leseleuchte, die beim Kontakt mit Wasser automatisch aufleuchtet, sowie eine Pfeife, um Haie anzulocken.«

Tobias A., Sinn

Während eines Ryanair-Fluges auf dem Weg von Cork nach London wurde folgende Bitte an die Passagiere über das Lautsprechersystem geäußert: »In case of an emergency – stop screaming.« (»Sollte es einen Notfall geben – hören Sie auf zu schreien«)

Andreas Kleinke, Leipzig

Auf einem Flug mit Air France von Paris nach Washington hat ein Steward die Sicherheitseinweisung pantomimisch vorgeführt. Um die Benutzung der Sauerstoffmasken zu erklären, ließ er sie andeutungsweise aus der Decke fallen, setzte sie sich auf den Kopf, schnitt eine Grimasse und wackelte mit dem Zeigefinger: So nicht! Dann hielt er die Maske an sein Ohr, tat, als ob er telefoniere, und wackelte wieder mit dem Finger: Nein, so auch nicht! Dann setzte er die Sauerstoffmaske auf den Mund, hielt den Daumen hoch und grinste breit: Ja, so ist's richtig!

Andrea Parkhouse, Hamburg

Ein 40-Minuten-Flug mit Southwest Airlines von Las Vegas nach San Diego: Bei der Sicherheitsansage erläuterte die Stewardess, was zu tun ist, wenn die Sauerstoffmasken aus der Klappe in der Decke fallen: »Ziehen Sie diese bitte über den Kopf und atmen Sie ganz normal. Wenn Sie mit einem Kind reisen, ziehen Sie bitte zuerst selbst die Maske auf und helfen Sie dann Ihrem Kind. Wenn Sie mit zwei Kindern reisen, dann ziehen Sie bitte zuerst selbst die Maske auf, entscheiden dann, welches Kind eine höhere Chance auf einen Universitätsabschluss hat, und ziehen Sie diesem die Maske als Nächstes auf.«

Beim Anrollen auf der Startbahn schnappte sie sich das Mikrofon und erklärte, dass sie während des kurzen Fluges keine Zeit habe, alle mit Erdnüssen zu versorgen, weil das Flugzeug voll sei. Deshalb solle sich jeder etwas vom Boden nehmen. Ihre Ansage sorgte für leichte Verwunderung. In dem Moment hob die Maschine ab und begann den Steigflug. Die Stewardess ließ von ihrem Sitz ganz vorn Erdnusspäckchen auf den Boden fallen, die langsam den Gang entlang nach hinten glitten. Unter lautem Gelächter bedienten sich die Passagiere, die am Gang saßen und gaben die Päckchen weiter.

Kurz vor der Landung sang sie noch unter lautem Beifall die Southwest-Hymne übers Bordmikrofon. Ein unvergesslicher Flug, im sehr positiven Sinn.

Clifford Sykes, San Diego, USA

Vor etwas mehr als zehn Jahren habe ich bei einem Flug der Deutschen BA wirklich gute Ansagen gehört. Bei den Sicherheitshinweisen sagte die Stewardess, dass »elektrische Geräte wie Waschmaschinen und Haartrockner« ausgeschaltet werden und während des Fluges ausgeschaltet bleiben sollten. Es war das einzige Mal, dass ich bei der Sicherheitseinweisung richtig zugehört habe.

Carl Dammermann, Berlin

Zu Beginn eines kurzen Inlandfluges von Berlin nach Düsseldorf sagte die Flugbegleiterin während der Sicherheitsanweisungen mit einem Augenrollen: »Ich weiß, dass es eigentlich Blödsinn ist, Ihnen das auf diesem Flug zu erklären, aber trotzdem befinden sich unter Ihrem Sitz die Schwimmwesten, die Sie im Notfall folgendermaßen anlegen …«

Heidemarie Kück, Berlin

Bei einem Flug mit der Deutschen BA von Düsseldorf nach München demonstrierte das Kabinenpersonal die Sicherheitsausrüstung. Die Stewardess kündigte die Prozedur in bestem Kölner Dialekt an: »Wir machen Ihnen jetz dat Sischerheitsballett.« Und etwas hochdeutscher fuhr sie fort: »Und wir würden Ihnen empfehlen, mal hinzuschauen, denn *wir* wissen, wie wir hier rauskommen!«

Ulrich Zillmann, Düsseldorf

Auf unserem Flug von Prag nach Frankfurt teilte der Pilot mit: »Meine Damen und Herren, soeben erreichte uns ein Anruf aus Prag, dass Teile eines Fahrwerks auf der Startbahn gefunden würden. Das kann bei einer Lufthansa-Maschine aber gar nicht sein. Trotzdem müssen wir zwei- bis dreimal in Sichthöhe am Tower in Frankfurt vorbeifliegen.« Nach dem Vorbeiflug meldete der Kapitän dann: »Die Kollegen aus Prag scheinen recht zu haben. Das bedeutet, wir könnten bei der Landung die Landebahn verlassen. Unser Kabinenpersonal wird Sie nochmals mit den Sicherheitshinweisen vertraut machen.« Wohl selten hat das Schwimmwestenballett mehr Aufmerksamkeit bekommen.

Michael Steinau, Oppenheim

Auf einem Flug von Hamburg nach Mallorca sagte die Stewardess bei der Sicherheitseinweisung: »Da wir heute über Wasser fliegen, müsste ich Ihnen normalerweise noch Hinweise zur Wasserlandung geben. Laut Statistik beträgt die Chance, eine solche Landung zu überleben, weniger als ein Prozent. Daher spare ich mir heute die Gymnastik.«

Markus Schmidt, Schenefeld

Eine Stewardess auf einem Flug mit Alaska Airlines hat diese Durchsage zu den Sicherheitsvorrichtungen gemacht: »Folks, there are sixty ways to leave your lover, but only six ways to leave this aircraft.« (»Leute, es gibt 60 Wege Ihren Liebhaber loszuwerden – aber nur sechs Wege aus diesem Flugzeug«)

Steffen Albrecht, Ludwigsburg

Auf einem Air-Berlin-Flug von Alicante nach Berlin sagte ein Steward Folgendes durch: »Sehr geehrte Damen und Herren, das Flugzeug verfügt über drei Toiletten, zwei im hinteren und eine im vorderen Bereich. Alle drei Toiletten sind mit Kameras ausgestattet.« Als ein Raunen durch die Kabine ging, korrigierte er sich: »Verzeihung, ich meinte Rauchmelder.«

Udo Henn, Alicante, Spanien

Auf einem Flug mit British Airways von New York nach Paris meldete sich der Pilot mit den allgemeinen Fluginformationen. Zum Thema Rauchen erklärte er: »Außerdem möchte ich Sie darauf hinweisen, dass unsere Flüge Nichtraucherflüge sind. Gehen Sie deshalb zum Rauchen bitte vor die Tür.« Nach einer kleinen Pause fügte er hinzu: »Die Außentemperatur beträgt zurzeit minus 35 Grad Celsius.«

Julian Budke, Bergisch-Gladbach

Durchsage vor dem Abflug: »Im Fall eines plötzlichen Druckabfalls ziehen Sie die Sauerstoffmasken zu sich heran und seien Sie optimistisch!«

Dirk Jung, Berlin

Ansage eines Stewards bei Ryanair während der Sicherheitseinweisung: »Im Falle einer Evakuierung oder sollten Sie vor meinen Kolleginnen fliehen wollen, hat diese 737 mehrere Notausgänge.«

Christian Wolf, Hamburg

Auf einem Flug von Paris nach Hannover waren mein Kollege und ich die einzigen Passagiere in einem Flugzeug mit über hundert Sitzplätzen. Die Stewardess fragte uns: »Fliegen Sie diese Strecke öfter?« Wir bejahten. Daraufhin übersprang sie die Sicherheitshinweise mit den Worten »Dann kennen Sie das ja schon«, gab jedem eine Flasche Wasser als Verpflegung und legte sich in der letzten Sitzreihe bis zur Ankunft in Hannover schlafen.

Wolfgang Botsch, Pattensen

Während der Sicherheitseinführung auf einem Flug von Hamburg nach Nürnberg sagte der Steward: »Hier sehen Sie, wie man die Rettungsweste anlegt. Sollten wir allerdings auf diesem Flug ins Wasser stürzen, ist schon bei der Routenplanung etwas extrem schiefgelaufen!«

Daniel Michalczyk, Oslo, Norwegen

Vor einem Flug nach London wurde das Abdunkeln der Kabine angekündigt: »Und nun werden wir zum Start noch die Kabine gemütlich machen. Verheiratete Frauen und Männer behalten bitte ihre Hände bei sich!«

Dirk Beerbohm, Friedrichsdorf

Vor dem Rückflug von Kreta nach Deutschland mit einer Transall C-160 der Luftwaffe wies der Lademeister die Soldaten an, wie sie sich während des sechsstündigen Fluges zu verhalten hätten: »Und für die Nikotinsüchtigen – bitte zum Rauchen nicht vor die Tür gehen, bisher ist davon noch keiner zurückgekehrt!«

Florian Neumann, Schweinitz

Vor dem Flug mit einer kleinen, neunsitzigen Propellermaschine begrüßte uns der Pilot: »Guten Morgen, wir fliegen jetzt gleich los – sollte jemand ein Problem feststellen, melde er sich bitte jetzt!« Auf meinen Hinweis, dass am Seitenfenster neben mir Öl herunterlaufe, direkt im Rotationsbereich des Propellers, meinte er: »Halb so schlimm – die Maschine ölt seit zwanzig Jahren an dieser Stelle, und bisher ist noch nichts passiert.«

Günter Rauter, Ingolstadt

Vor dem Start eines Fluges von Oakland nach Frankfurt meldete der Pilot aus dem Cockpit: »Leider ist unser fünftes Triebwerk ausgefallen, wir werden aber trotzdem starten.« Eine Stewardess erklärte dann aber, dass nur die Klimaanlage ausgefallen sei, der Pilot mache gern Späße. Das Problem mit der Klimaanlage sei ganz einfach zu lösen – indem während des Fluges ein Schlauch herausgelassen werde.

Lukas Klumpp, Leinfelden-Echterdingen

In einem Jumbolino saßen wir ganz hinten, und die Stewardess bat uns, beim Landeanflug die Sonnenblende geöffnet zu lassen. Wir wollten wissen, warum, und die Antwort war: »Ich kann dann sehen, wenn ein Triebwerk brennt. Vom Cockpit aus geht das nicht.«

Dirk Schäfer, Bad Vilbel

Auf einem Flug von Dubai nach München wurde ein neuer A 340-600 eingesetzt, die Besatzung kam offenbar mit den Neuheiten noch nicht gut klar. Eine Stewardess versuchte mehrmals, eine Ansage zu machen. Sie dachte, es würde nicht funktionieren. Aber die Passagiere konnten alles hören: »Eins, zwei, Test, Test. Hallo? Scheißtechnik.« Als sie merkte, dass die Passagiere ihren Kommentar mitbekommen hatten, entschuldigte sie sich und meinte: »Hoffentlich kommen die Jungs vorne im Cockpit mit dem neuen Flieger besser klar als ich.«

Werner Portner, Berlin

Vor dem Start eines Fluges mit der Deutschen BA von Köln/Bonn nach Berlin-Tegel machte der Steward folgende Durchsage, während draußen die Sonne unterging: »Meine Damen und Herren, wie Sie gleich sehen werden, passen wir in wenigen Sekunden die Innen- der Außenbeleuchtung an. Erschrecken Sie nicht und entspannen Sie sich. Wer von Ihnen keinen Sitznachbarn zum Kuscheln hat – ein kurzes Drücken des Knopfes über Ihnen genügt, und unsere freundlichen und dienstbereiten Damen stellen sich gern zur Verfügung!« Weil viele Passagiere von dem Knopf Gebrauch machten, bat allerdings einige Zeit später eine Stewardess via Bordfunk darum, die vorherige Ansage als Scherz aufzufassen.

Carsten Seidel, Berlin

Auf einem Flug von Stuttgart nach Madrid hat der Kapitän uns mit folgenden Worten begrüßt: »Meine Kolleginnen werden Sie nun mit den Sicherheitshinweisen vertraut machen, denn: Alle Wege führen nach Rom, aber nur vier aus dem Flugzeug.«

Alexander Baur, Augsburg

INFOBOX: Was hilft gegen Flugangst?

Repräsentative Umfragen haben ergeben, dass sich ein Drittel bis die Hälfte der Flugpassagiere an Bord nicht wohl fühlen oder sogar unter Angstzuständen leiden. Ein paar einfache Tricks können helfen:

1. Vermeiden Sie Stress schon vor dem Abheben: Kommen Sie möglichst früh vor dem Abflug zum Flughafen.

2. Fragen Sie beim Check-in nach einem Gangplatz im vorderen Flugzeugteil. Hier fühlt man sich oft weniger beengt, und Sie können sich einfacher Bewegung verschaffen.

3. Vermeiden Sie Koffein (Tee, Kaffee, Cola), das den Blutdruck erhöht, und Alkohol, der in der Höhe stärker wirkt und Ihnen das Gefühl gibt, keine Kontrolle mehr zu haben. Nehmen Sie ablenkende Unterhaltung oder Dinge mit an Bord, die Sie entspannen: Sudoku, Bücher, Musik, beruhigende ätherische Öle – oder reden Sie mit Ihrem Sitznachbarn.

4. Machen Sie eine Entspannungsübung aus der Progressiven Muskelrelaxation: Drücken Sie Ihr Kinn gegen die Brust und die Fersen gegen den Boden, ballen Sie die Fäuste, spannen Sie die gesamte Muskulatur für einige Sekunden an, dann wieder entspannen.

Passend zu unseren Turbulenzen zeigen wir Ihnen jetzt die Komödie "Dick und Doof als Möbelpacker"!
H&B

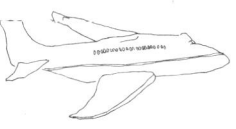

Kapitel 3

Turbulenzen:
»Willkommen in der Achterbahn«

Wenn der Jumbojet sich in einen hoppelnden Gaul ver-
wandelt, der Airbus A320 einem Achterbahnwagen gleicht
und in der Cessna Fahrstuhlgefühl entsteht, dann ist das Flugzeug in Turbulenzen geraten. Solche Luftwirbel sind vorher-
sagbar, wenn sie in Schlechtwetterzonen liegen, und damit
leicht zu umfliegen. Sie können aber auch aus und bei heite-
rem Himmel Piloten und Passagiere überraschen – und so un-
vermittelt auftreten, dass sogar Löcher in der Kabinenverkleidung entstehen.

So geschehen auf dem Flug einer Boeing 747 der Northwest
Airlines im Februar 2009: Vor der Landung auf dem Tokioter
Flughafen Narita kreiste der Riesenflieger in der Warteschleife
über dem Meer, als er plötzlich absackte und sofort wieder
hochgerissen wurde. Ein Passagier berichtet, wie die Insassen
und Crew-Mitglieder in die Höhe geschleudert wurden: »Sie
stießen zweimal hart gegen die Decke, in der Verkleidung blieben mindestens drei Löcher zurück.« Von den 422 Menschen
an Bord wurden 43 verletzt. Trotz aufleuchtender Anschnallzeichen hatten sich viele Fluggäste nicht gesichert.

Meist aber verlaufen die Luftwirbel und die Ab- und Aufwinde für die Insassen an Bord glimpflicher. Mal macht sich ein Kaffeebecher selbständig oder die Sauerstoffmasken fallen ungewollt aus der Decke – den Passagieren aber hängt höchstens der Magen in der Kehle, so dass sie die Spucktüte aus der vollgepackten Sitztasche fummeln müssen. Für den fliegenden Koloss dagegen sind »Luftlöcher« eine leichte Übung. Mit Tragflächen, die bis zu zehn Meter ausschlagen können, windet sich ein modernes Flugzeug durch solche Widrigkeiten hindurch – so wie Schiffe mit Wellen fertig werden und Eisenbahnen Kurven ertragen. Im Übrigen: Noch nie ist in der Jet-Luftfahrtgeschichte ein Flügel abgebrochen.

Es soll sogar Kapitäne geben, denen solche Rodeoritte oft besonderen Spaß machen, wie die folgenden Zitate zeigen – wenn ihnen nicht gerade schlecht wird.

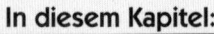

In diesem Kapitel:
**Atemberaubende Absacker,
haarsträubende Hopser, wütende Winde**

Auf einem Flug von Lyon nach Köln hatte unsere kleine Propellermaschine mit einigen Turbulenzen zu kämpfen. Erst heftiges Geschaukel, dann plötzlich ein rasanter Höhenverlust. Schließlich kam eine Ansage aus dem Cockpit: »Bitte entschuldigen Sie die verspätete Durchsage. Hier spricht Ihr Co-Pilot. Dem Kapitän ist schlecht geworden, daher konnte er keine Durchsagen machen. Und ich war mit Fliegen beschäftigt.« Und er fügte hinzu: »Für die Statistiker unter Ihnen: Der Höhenverlust betrug gerade 250 Meter. Das war auch für mich eine Premiere. Weiterhin guten Flug. Ich segele dann mal weiter.«

Robert J. Bielesch, Köln

Flug von Miami nach Paris: Die Turbulenzen wurden immer heftiger. Das Flugzeug stieg und sank, Becher flogen durch die Gegend, die Passagiere schauten unruhig um sich. Ich wollte versuchen, mich mit Lesen abzulenken, nur leider ging meine Leselampe nicht mehr. Als ich das einer Stewardess mitteilte, meinte die nur lapidar: »Don't worry, you will see enough light in paradise!« (»Keine Sorge, im Paradies werden Sie genug Licht haben!«)

Susann Trinh Quang, Dresden

Während unsere winzige Propellermaschine auf die Starterlaubnis für den Flug von Denver, Colorado, nach Hays, Kansas, wartete, kam einer der beiden sehr jungen Piloten in die Kabine, um die Sicherheitseinweisung zu machen. Doch vorher erklärte er uns: »Meine Damen und Herren, wie Sie bemerkt haben, dürfen wir gerade eines der berühmten Gewitter des Mittleren Westens erleben. Es ist mit Turbulenzen zu rechnen, aber seit mein Kollege und ich unseren Pilotenschein haben, wollten wir so einen Wahnsinn schon immer mal ausprobieren! Am Ende werden wir auf jeden Fall runterkommen, auf die eine oder andere Art.«

Fritz Espenlaub, München

Vor ein paar Jahren bin ich von Hagfors nach Stockholm geflogen. Es herrschte Schneesturm, und die kleine Maschine mit circa 13 Plätzen musste enteist werden. Nachdem der Pilot den Vorgang beaufsichtigt hatte, betrat er das Flugzeug und grüßte die Passagiere lautstark mit einem freundlichen »Welcome to the rollercoaster!« (»Willkommen in der Achterbahn!«) Der Flug war dann auch so. Kurz vor der Landung stieß ich mir trotz Gurt noch den Kopf an der Kabinendecke über meinem Sitz.

Martin Wächtler, Konstanz

Bei einem Flug mit einer Propellermaschine von Chicago nach Indianapolis gerieten wir in starke Turbulenzen, und viele Passagiere bekamen Angst. Da schob der Pilot den Vorhang zurück und sagte: »Wenn einer von euch glaubt, dass er ruhiger fliegen kann als ich, kann er es gern ausprobieren.« Danach war Ruhe.

Heinz Rothermel, Beerfelden

Auf einem Flug mit Crossair von Berlin-Tempelhof nach Basel mit Weiterflug nach Bern sind wir den Ausläufern des Orkans »Lothar« sehr nahe gekommen. Beim Landeanflug teilte uns der Pilot mit, dass der Flughafen Basel gerade geschlossen wurde und wir deshalb gleich nach Bern weiterfliegen würden. Kurze Zeit später kam dann die Mitteilung aus dem Cockpit, dass auch Bern geschlossen worden sei und wir deshalb Genf anfliegen müssten. Doch einige Minuten später drehte die Maschine wieder in Richtung Norden, also in Richtung Basel – ohne Ansage des Piloten. Nach einem sehr stürmischen Anflug landeten wir in Basel. Der Kapitän meldete sich mit den Worten: »Willkommen jetzt doch in Basel. Einige Passagiere an Bord haben einen Weiterflug nach Bern gebucht. Wer von Ihnen diesen Flug noch fortsetzen möchte, soll bitte jetzt die Hand heben, solche fliegerischen Herausforderungen erlebe ich schließlich nicht alle Tage!« Alle haben dankend abgelehnt und sind mit dem Bus nach Bern gefahren.

Roger Bollinger, Berlin

Auf einem Flug von Palma de Mallorca nach Berlin kam die Durchsage: »Liebe Fluggäste, wir werden ein paar Turbulenzen erleben. Falls wir abstürzen sollten, machen Sie sich bitte keine Sorgen um Ihr Gepäck. Das wird natürlich gerecht unter der Crew aufgeteilt.«

Henrike Bohm, Oldenburg

Auf einem Flug von Malta nach Düsseldorf kamen wir über Italien in heftige Turbulenzen. Der Kommentar des Piloten dazu war: »Sehr geehrte Fluggäste, es besteht kein Grund zur Beunruhigung. Diese Gegend wurde damals von den Römern einfach schlecht gepflastert!«

Dirk Wilske, Bonn

Bis heute befremdend bleibt eine kurze, aber wenig ermunternde Durchsage eines Kapitäns auf einem Flug von Bangkok nach Frankfurt mit einer Boeing 747 der Lufthansa. Nachdem die Maschine über dem Golf von Bengalen in schwere Turbulenzen geriet, wurde das Bordpersonal angewiesen, den Service umgehend einzustellen und sich anzuschnallen. Der Pilot kündigte die Schlechtwetterfront wenige Minuten vorher in kurzen Worten an und schloss wie folgt: »Dear passengers, cabin crew ... good luck!« (»Liebe Passagiere, Besatzung ... viel Glück!«)

Jürgen P. Dreyer, Phuket, Thailand

Bei einem Flug von Indianapolis nach Des Moines war die Propellermaschine überbucht, aber keiner wollte zurücktreten. Da kam die Durchsage: »Auf der Flugstrecke gibt es starke Gewitter, so dass mit schweren Turbulenzen gerechnet werden muss; wenn Sie drei Stunden später fliegen, bleibt Ihnen das erspart.« Sofort bildete sich eine lange Schlange vor dem Schalter.

Heinz Rothermel, Beerfelden

Als der Orkan »Kyrill« gerade abzog, flog ich mit Hamburg International von Hamburg nach Zürich. Als wir die Reiseflughöhe erreicht hatten, meldete der Pilot: »Für Zürich sind starke Winde vorausgesagt, aber die vom Wetterdienst übertreiben ja eh immer!« Kurz bevor wir dann in den Landeanflug gingen, kam die nächste Durchsage, diesmal etwas zurückhaltender: »Ich habe mir jetzt noch mal die aktuellen Wetterdaten angesehen, und anscheinend haben die vom Wetterdienst doch nicht übertrieben. Aber egal, bisher hab ich jeden Flieger runter bekommen.« Von da an waren alle sehr ruhig, und es folgte ein stürmischer Landeanflug mit einer sehr harten, aber sicheren Landung.

Philipp Slomian, Kiel

Im Januar 1990, als über Europa der Orkan »Daria« tobte, flog ich von Rio de Janeiro nach London. Vor der Landung mussten wir einige Warteschleifen fliegen. Eine Stunde lang rappelte die Boeing 747 so sehr, dass Stewardessen grün im Gesicht wurden, Passagiere zu beten begannen und Spucktüten fast überall in Gebrauch waren. Wir fürchteten ernsthaft um unser Leben. Dann meldete sich der Pilot ganz ruhig aus dem Cockpit: »Entschuldigen Sie bitte, dass es heute wegen des ungewöhnlich starken Windes etwas holprig ist.« Sehr britisch.

Guido Niebuhr, Köln

Nach sehr heftigen Turbulenzen auf einem Flug von Frankfurt nach Venedig mit Alitalia kam die Durchsage: »Bitte prüfen Sie, ob die Schwimmweste unter Ihrem Sitz vorhanden ist.« Das war nicht sehr beruhigend.

Dagmar Stahlmann, Frankfurt

Eine Ansage des Piloten beim Anflug auf Hamburg bei schlechtem Wetter: »Meine Damen und Herren, die Landung kann etwas stürmisch werden. Aber seien Sie sicher, das Flugzeug ist stärker als die Nerven der Passagiere!« Die Fluggäste waren sichtlich beruhigt!

Markus Schneider, Hamburg

Vor etwa 25 Jahren flog ich mit der Lufthansa von Venedig nach Düsseldorf. Als wir etwa zehn Minuten in der Luft waren, gerieten wir in ein schweres Gewitter. Es waren die schlimmsten Turbulenzen, die ich in 30 Jahren als Vielflieger erlebt habe.

Nach der Landung hörte ich das Gespräch zweier Piloten, die Passagiere auf unserem Flug waren. Der eine sagte: »Mann, ich habe mir fast in die Hose gemacht!« Und der andere antwortete: »Ich hätte auch nicht gedacht, dass wir das überleben.«

Ed Damvelt, Howick, Neuseeland

Auf dem Flug von Chicago nach Frankfurt hat der Pilot der United-Airlines-Maschine uns Turbulenzen wie folgt angekündigt: »Ladies and gentlemen, there is an area of bad weather in front of us and we expect some heavy turbulences. I just ordered cabin crew to stop service. So please sit down, buckle up, 'cause it's gonna be a bumpy ride.« (»Meine Damen und Herren, vor uns liegt eine Schlechtwetterfront, und wir erwarten schwere Turbulenzen. Der Bordservice wurde eingestellt. Bitte setzen Sie sich auf Ihre Plätze und schnallen Sie sich an – es wird ein holpriger Ritt.«) Und nach einer dramatischen Pause fügte er hinzu: »Rock 'n' Roll!« So war es dann auch. Ich dachte, als Vielflieger würde ich das locker wegstecken. Aber auch ich musste, wie viele andere, von der Spucktüte Gebrauch machen. Erstaunlich, was ein Flugzeug so an Erschütterungen verkraftet.

Michael Peter Schmidt, Unterföhring

Auf einem zunächst ruhigen Flug von Mailand nach Berlin wurde die Maschine plötzlich heftig durchgeschüttelt. Ich schaute aus dem Fenster und konnte aus noch nie dagewesener Nähe die sich schnell entfernende Rückseite eines anderen Flugzeugs betrachten. Die lapidare Ansage des Piloten hinterher: »Tja, da hat die Flugsicherung wohl gepennt.«

Wiebke Hauschildt

Auf unserem Rückflug von Lanzarote nach München kam das Flugzeug auf Reiseflughöhe in sehr heftige Winde. In der Kabine war es beklemmend still. Deshalb sah sich der Co-Pilot dazu veranlasst, über Lautsprecher mitzuteilen: »Meine Damen und Herren, im Moment haben wir heftigen Rückenwind, deswegen ist der Flug etwas holprig. Aber Sie brauchen sich nicht so krampfhaft an den Sesseln festzuhalten, die fallen auch mit runter.«

Joseph Gückel, Bayern

Ich bin im August dieses Jahres mit BMI von Hannover nach London-Heathrow geflogen. Die Maschine war eine kleine Embraer, mein Fensterplatz war gleichzeitig Gangplatz. Der Luftraum über London war wie immer voll, so dass der Pilot einige Warteschleifen fliegen musste.

Die Maschine flog eine langgezogene Linksspirale, doch mit einem Mal kippte sie schlagartig auf etwa 60 Grad nach rechts, blieb mehrere Sekunden so und kippte danach genauso schlagartig wieder zurück. Etliche Gepäckfächer klappten auf, und die Stewardess in Sichtweite blieb wohl nur aufgrund ihrer langjährigen Erfahrung stehen.

Nach ein paar Minuten, in denen es auffallend still im Flugzeug war, meldete sich der Pilot: »Sorry for the turbulences; we've just hit the wake of the 747 two miles ahead of us.«

(»Entschuldigung für die Turbulenzen; wir haben die Wirbelschleppe der 747 vor uns durchflogen.«) Er versprach dann, eine etwas andere Bahn zu fliegen, und landete schließlich sanft in London.

Mit der Boeing 747 hatten wir sogar Glück, denn es hätte auch ein Airbus A380 sein können – so ein Riesenvogel startete gerade, als wir die Maschine auf dem Vorfeld verließen.

Florian Müssig, Hannover

Auf einem Flug von Los Angeles nach Las Vegas mit United Airlines kündigte der Pilot vor dem Start an, dass es schwere Turbulenzen geben würde: »Ladies and gentlemen, you paid for an airplane ride, and you will get an airplane ride.« (Das englische Wort »ride« bedeutet einerseits »Flug«, kann aber auch für »Ritt« oder ein Fahrgeschäft auf einer Kirmes stehen.) Deshalb müssten die Passagiere auf den Bordservice verzichten. Die Turbulenzen gab es dann nicht – trotzdem wurden keine Erdnüsse oder Getränke gebracht.

Johannes Zumpe, München

Vor dem Start unseres brasilianischen Inlandsfluges von São Paulo nach Porto Alegre mit einer damals neuen Boeing 767 konnte ich sehen, dass wir ohne einen Co-Piloten abhoben. Nach dem Mittagsimbiss kam der Pilot aus dem Cockpit, ging zur Toilette und anschließend zum Kaffeetrinken nach ganz hinten in die Bordküche. Plötzlich rollte das Flugzeug um fast 90 Grad um die Längsachse nach links, dann scharf zurück, über die Horizontale hinaus und pendelte sich wieder in die normale Position ein. Die Passagiere schrien, überall tropfte

Kaffee von den Wänden. Da joggte der Kapitän zurück ins Cockpit, auch er war mit Kaffee bespritzt. Einige Minuten später erklärte er: »Meine Damen und Herren, wir hatten ein kleines Problem mit dem Autopiloten, aber jetzt geht unser Flug ganz normal weiter.« Dieses Erlebnis hat mir viel zu denken gegeben. Hätte der Autopilot die Maschine nicht wieder in eine stabile Lage gebracht, dann hätte es der Pilot nicht zurück ins Cockpit geschafft und wir wären vermutlich abgestürzt – wegen einer Tasse Kaffee!

Prof. Dr. Johannes Beck, Bonn

In den frühen neunziger Jahren flog ich mit einer zweimotorigen Maschine von Rotterdam nach Hamburg. Ich saß in der ersten Reihe, der Getränkewagen wurde vor mir abgestellt. Als wir in Turbulenzen gerieten, setzte sich der Wagen in Bewegung, blieb an einer Teppichkante hängen und kippte um – eine Mischung aus Kaffee und Saft ergoss sich über mich, schön warm und klebrig. Der Kapitän wurde über das Vorkommnis informiert. Über Lautsprecher entschuldigte er sich: »Normalerweise servieren wir die Getränke anders!«

Reinhard Hass

Der Erste Offizier des Lufthansa-Fluges von Hamburg nach Frankfurt hatte schon mit der Ansage begonnen: »Meine Damen und Herren, wir befinden uns bereits im Anflug auf den Flughafen Frankfurt.« Da kam plötzlich ein Luftloch. Eine Sekunde später fuhr er fort: »Und eben haben wir eine Abkürzung genommen!«

Jelena Zunda, Frankfurt am Main

Während eines Fluges von Bremen nach Girona in Spanien: Wir befanden uns in Reiseflughöhe, das Wetter war ruhig, und es gab keinerlei Anzeichen von Turbulenzen. Plötzlich leuchteten die Anschnallzeichen auf, und es kam die Durchsage, dass wir uns anschnallen sollten und die Benutzung der Bordtoilette untersagt sei. Nachdem alle Passagiere auf ihren Plätzen waren, ging die Tür des Cockpits auf. Der Pilot kam heraus, unterhielt sich kurz mit den Stewardessen und ging zur Toilette. Kurz nachdem er fertig war, erloschen die Anschnallzeichen wieder. Die Turbulenzen, die es scheinbar nur im Cockpit gab, waren wohl nicht mehr erwähnenswert – wir waren erleichtert und der Pilot anscheinend auch.

Tristan Hoff und Thomas Schulze, Bremen

Auf einem US-Inlandsflug von Ashville nach Atlanta mit einer kleinen Propellermaschine mussten wir wegen Orkanausläufern zweimal die Richtung auf der Startbahn ändern. Beim dritten Mal meldete der Pilot: »Okay, folks, we try it now for a last time. It will be a bumpy ride however.« (»Okay, Leute, wir versuchen es noch ein letztes Mal. Wie auch immer – es wird ein holpriger Ritt.«) Dann hoben wir ab, und die Maschine wurde die nächsten zehn Minuten rauf und runter gewirbelt. Als wir endlich in ruhigeres Gebiet kamen, sagte der Pilot: »This was my worst take-off since Vietnam!« (»Das war mein schlimmster Start seit Vietnam!«)

Arne Baumgartl, Shrewsbury, Großbritannien

INFOBOX: Was passiert bei Druckabfall?

Während des Fluges wird in der Passagierkabine und im Cockpit ein Überdruck hergestellt, da die Außenluft in Reiseflughöhe nicht genügend Sauerstoff enthält: Sie ist zu »dünn«. Sinkt der Druck in der Kabine schlagartig, haben die Passagiere weniger als eine Minute, bevor sie bewusstlos werden. Kein Wunder, dass die Flugbegleiter empfehlen, zunächst die eigene Sauerstoffmaske überzustreifen, bevor Kindern oder anderen Personen geholfen wird.

An der Maske muss einmal stark gezogen werden, damit der Sauerstoff-Generator in der Kabinendecke aktiviert wird. Dort entsteht durch eine chemische Reaktion reiner Sauerstoff und strömt durch den Schlauch in die Maske. Erst beim Ausatmen bläst sich der Plastikbeutel an der Maske auf.

Der Pilot geht sofort in einen sehr steilen Sinkflug über, bis eine Höhe erreicht wird, in der Atmen ohne Sauerstoffmaske wieder möglich ist. Bei Druckverlust kondensiert die Flüssigkeit in der Kabine, die Passagiere sitzen im Nebel. Bei solch einem seltenen Ereignis wird immer sofort der nächste Flughafen angesteuert, zumal in einer niedrigeren Flughöhe der Treibstoffverbrauch höher ist.

Kapitel 4

Technische Probleme:
»Da ist ein Loch in der Tür!«

In der Passagierkabine verbreitete sich ein stechender Geruch, von ihren Plätzen aus konnten die 239 Fluggäste hören, dass die Triebwerkgeräusche verstummten: Im Juni 1982 geriet die »City of Edinburgh«, eine Boeing 747-200 der British Airways, auf dem Weg von London nach Auckland in eine Wolke aus Vulkanasche. Kurz zuvor war 150 Kilometer entfernt der Galunggung ausgebrochen. Die feinen Partikel, die der Vulkan auf Java in die Atmosphäre geschleudert hatte, sorgten für einen Totalschaden in rund 11 500 Meter Höhe. Die Frontscheibe des Cockpits färbte sich schwarz, und innerhalb kurzer Zeit fielen alle vier Triebwerke aus – ein GAU, wie er in der Geschichte der Luftfahrt äußerst selten vorkam.

Wegen starken Druckverlustes in der Kabine musste Pilot Eric Moody in den Sturzflug übergehen und ließ die Maschine auf eine Höhe absacken, in der die Fluggäste ohne Sauerstoffmaske atmen konnten. Die Erschütterungen dieses Manövers hinderten einige Passagiere nicht daran, Abschiedsbriefe an ihre Angehörigen zu Hause zu kritzeln.

Während sich die Cockpit-Besatzung auf eine Notwasserung im Indischen Ozean vorbereitete, gelang Moody eine legendäre

Durchsage. »Meine Damen und Herren, wir haben ein kleines Problem. Alle vier Triebwerke sind ausgegangen. Wir geben unser verdammt Bestes, um sie wieder anzukriegen. Ich hoffe, Sie sind deswegen nicht allzu beunruhigt.«

Innerhalb von 13 Minuten verlor die »City of Edinburgh« mehr als 7000 Meter an Höhe, was ihr später einen Eintrag ins Guinness-Buch der Rekorde bescherte: für den längsten Gleitflug mit einer großen Passagiermaschine.

Schließlich gelang es Moody, die Triebwerke wieder zu starten und in den Steigflug überzugehen. Nun konnte er den Flughafen von Jakarta ansteuern. Seine Notlandung dort war eine fliegerische Meisterleistung: Der Pilot konnte die Lichter der Landebahn kaum erkennen, das Instrumentenlandesystem und die Landescheinwerfer funktionierten nicht. Doch irgendwie brachte Moody die Maschine sicher zu Boden, wo Rettungskräfte bereits auf das Flugzeug warteten.

Die Reparaturmannschaft, die Triebwerke und Frontscheibe austauschen musste, nannte die »City of Edinburgh« den »fliegenden Aschenbecher«. Eine Passagierin schrieb später ein Buch über den Zwischenfall und heiratete einen Mann, der in der Reihe vor ihr gesessen hatte. Auch die anderen Beteiligten hatten nach der unglaublichen Beinahe-Katastrophe das Bedürfnis, in Kontakt zu bleiben – gemeinsam gründeten die Passagiere und die 15 Besatzungsmitglieder den »Galunggung-Segelflugverein«.

In diesem Kapitel:
Trotzige Triebwerke, launische Lämpchen und crashende Computer

Kurz nach dem Start unserer Lufthansa-Maschine auf dem Weg von Bordeaux nach Frankfurt hörte das Flugzeug auf zu steigen. Da kam auch schon die Durchsage des Piloten: »Meine Damen und Herren, sicher haben Sie bemerkt, dass wir zurzeit nicht weiter an Höhe gewinnen. Der Grund dafür: Die Tür ist offen!« Nach einer Weile gespannter Nervosität unter den Passagieren folgte die Ergänzung: »Das war etwas unglücklich formuliert: Eine Lampe zeigt an, dass die Tür eventuell nicht richtig verschlossen ist. Wäre sie offen, hätten Sie das nach dem Öffnen Ihrer Sicherheitsgurte schon längst bemerkt!«

Matthias Borgert, Köln

Auf dem Flug von Las Vegas nach Los Angeles mit Pacific Southwest Airlines gab es Probleme mit dem Fahrwerk. Zweimal flogen wir über den Flughafen, damit die Mitarbeiter im Tower gucken konnten, ob unser Fahrwerk ausgefahren ist. Dann meldete der Pilot: »Ich habe gute Neuigkeiten. Wir können jetzt landen. Bitte ignorieren Sie die kleinen gelben Feuerwehrautos.«

Klaus D. Jaspert, Aichtal

Ein Flug über den Atlantik. Plötzlich krachte es im Flugzeug. Der Rumpf vibrierte, die Triebwerke stotterten. Die Maschine verlor an Höhe, die Passagiere zitterten. Nach einer Weile kam über die Bordlautsprecher die Ansage: »Meine sehr geehrten Damen und Herren, wenn Sie jetzt auf der rechten Seite aus dem Fenster schauen, sehen Sie mich, Ihren Kapitän, und meinen Co-Piloten in einem kleinen Rettungsboot. Wir wünschen Ihnen weiterhin einen angenehmen Flug!«

Heribert Morgott, Berlin

Auf dem Flug von Frankfurt am Main nach Detroit weckte uns auf etwa halber Strecke das Knacken der Lautsprecheranlage. Ein verschlafen klingender (nette Auslegung) beziehungsweise betrunken klingender (meine Auslegung) Steward informierte uns: »Meine, ähm, Damen und Herren – (Pause) – es ist schlimm.« (Längere Pause). Und dann: »Aber nicht *so* schlimm.« Wir schwankten zwischen Neugier und Anspannung. »Ein Triebwerk ist ausgefallen«, klärte er uns auf. Dann ein Knacken in der Leitung. Stille. »Aber wir haben insgesamt drei Triebwerke. Wenn noch eins ausfällt, können wir immer noch fliegen. Und wenn alle drei ausfallen, können wir immer noch landen!«

Sandra Voglreiter, Rostock

Nur fünf Minuten nach dem Start in Frankfurt machte unser Pilot diese Durchsage, die ich niemals vergessen werde: »Eine große Anzahl wichtiger Instrumente ist ausgefallen! Wir kehren nach Frankfurt zurück.« Nach einer äußerst holprigen Landung mussten wir drei Stunden warten, bis wir mit dem reparierten Flieger endlich nach Catania fliegen konnten.

Marc Schröder, Dortmund

Auf dem Flug von Köln/Bonn nach Gran Canaria meldete sich der Kapitän mit der Mitteilung: »Sehr geehrte Damen und Herren, bei uns im Cockpit leuchtet seit einiger Zeit ein rotes

Lämpchen auf. Leider wissen wir nicht, was das bedeutet, und wir können es auch nicht deaktivieren. Wir werden vorsichtshalber in München landen und das Problem begutachten.«

Wir landeten in München, und nach zwei Stunden – in denen die Techniker kein Problem feststellen konnten – setzten wir den Flug nach Gran Canaria fort. Nicht wenige hatten ein ungutes Gefühl im Magen, doch alles verlief reibungslos.

Sergius Janik, Dortmund

Auf einem Flug mit Air Berlin von München nach Paderborn spürten wir, wie die Maschine kurz nach dem Start wieder in den Sinkflug überging. Kurz darauf meldete sich die Stewardess via Bordfunk: »Liebe Passagiere, wir haben leider schlechte Nachrichten für Sie aus dem Cockpit.« Darauf folgte eine kaum zu ertragende Pause. »Das Problem mit der Kontrollanzeige, das wir bereits beim ersten Startversuch hatten, ist erneut aufgetreten.« Denn schon zuvor hatte der Pilot direkt nach dem Start zum Flughafen zurückkehren müssen – meine Sitznachbarin faltete dabei die Hände zum Gebet und schickte eine Abschieds-SMS an ihren Freund. Nach der zweiten Landung in München bekamen wir dann eine neue Maschine.

Daniel Hofmann, Bielefeld

Auf dem Rückflug von Neuseeland nach Frankfurt mit der Fluglinie Garuda Indonesia mussten wir einen planmäßigen Zwischenstopp in Jakarta einlegen. Als das Flugzeug dann zum Weiterflug wieder auf die Startbahn rollte und beschleunigte, konnten wir immer schneller die Landschaft an uns vorbeiziehen sehen. Allerdings hob der Kapitän nicht ab, sondern vollführte mit allen ihm zur Verfügung stehenden Mitteln eine astreine Vollbremsung und rollte schließlich vom äußersten Ende der Startbahn zum Flughafengebäude zurück. Dann teilte der Pilot mit: »Ladies and gentlemen, I am sorry, we have a technical problem with the aircraft and I will consult other pilots of the airline about this issue. After that we will have a voting if this aircraft is fit to fly.« (»Meine Damen und Herren, es tut mir leid, wir haben ein technisches Problem mit dem Flugzeug, und ich werde mit ein paar Kollegen darüber beraten. Anschließend werden wir abstimmen, ob diese Maschine flugtauglich ist.«) Die Abstimmung ist offensichtlich negativ ausgefallen, da wir nach stundenlangem Warten mit einer Ersatzmaschine weitergeflogen und schließlich sicher in Frankfurt gelandet sind.

Jan Groener, Sindelfingen

Ein paar Sekunden nach dem Start unseres Fluges mit Qantas von Singapur nach Frankfurt erschütterte ein enormer Schlag das Flugzeug, dann war ein metallisches Kreischen zu hören. Die Boeing 747 vibrierte, und ohne Gurt hätten einige auf dem Gang gesessen. Kurz darauf kam eine Durchsage des Piloten: »Äh, wie einige von Ihnen vielleicht bemerkt haben, hatten wir ein Problem während des Take-off. Zurzeit untersuchen wir die Ursache. Alle Instrumente zeigen an, dass wir noch fliegen. Und dass wir noch in der Luft sind und ich mit Ihnen reden kann, bedeutet, dass dieses Problem nur vorübergehend war und wir unseren Flug fortsetzen können.« Ein paar Minuten später folgte die Ansage der Flugbegleiterin mit zittriger leiser

Stimme: »Da wir uns immer noch in der Luft befinden, besteht kein Grund zur Sorge.« Beruhigend war das nicht.

Carsten Steimel, Bielefeld

Auf einem Flug vom isländischen Akureyri nach Grönland im August wurde über dem Nordatlantik der linke Motor unseres Flugzeugs wegen einer Cockpit-Warnung sicherheitshalber abgeschaltet, und die Maschine kehrte um. Daraufhin knöpfte sich die Chef-Stewardess ihr Jackett zu, setzte ihr Käppi auf, trat vor die Passagiere und sagte: »Hi guys, there is absolutely nothing to worry about, but – I can only recommend: pray, pray, pray!!!« (»Hi Leute, es gibt absolut keinen Grund zur Sorge, aber ich kann nur eines empfehlen: beten, beten, beten!!!«) Anschließend verteilte sie sämtliche in der Bordbar vorhandenen Süßigkeiten und Getränke und fügte hinzu: »Wenn Sie sich plötzlich in einer Art Tunnel mit einem hellen Licht am Ende befinden – gehen Sie nicht in das helle Licht!«

Wir kamen wohlbehalten in Akureyri an. Es handelte sich nur um einen Elektronikfehler, nach dessen Behebung wir problemlos unsere Reise fortsetzen konnten. Allerdings staunten wir nicht schlecht, als wir auf der Rückreise wieder in Akureyri angekommen waren: Die Maschine, aus der wir gerade gestiegen waren, startete sofort wieder gen Grönland und setzte eine Viertelstunde später erneut in Akureyri auf – dieses Mal war der rechte Propeller abgeschaltet!

Nikolaus Tarouquella, Berlin

Nachdem wir schon eine ganze Weile am Gate gewartet hatten, ohne dass ein Flugzeug zu sehen war, meldete sich eine

Stimme per Lautsprecher: »Meine Damen und Herren, es tut mir leid, Ihnen mitteilen zu müssen, dass Ihr Flugzeug abgestürzt ist!« In der ganzen Halle herrschte Totenstille. Dann ging die Ansage weiter: »Wir starten es gerade neu, Sie können sich das wie bei Ihrem Computer zu Hause vorstellen.«

Matthias Heicke, Paderborn

Vor einigen Jahren bin ich mit einer deutschen Fluglinie von Buenos Aires nach Frankfurt geflogen. Schon das Einchecken wollte nicht so richtig vorangehen. Später, im Warteraum vor dem Boarding, wurden wir dann zweimal um jeweils eine Stunde wegen technischer Probleme am Flugzeug vertröstet. Nachdem auch die zweite Verspätung verstrichen war und wir inzwischen auch den obligatorischen Essensgutschein bekommen hatten (mmh … lecker), wurde uns ganz freundlich mitgeteilt, dass der Schaden nicht so schnell zu beheben sei und wir deshalb nach Buenos Aires ins Hotel gebracht würden. Musste also was Großes sein. Am nächsten Tag ging es dann mittags wieder zum Flughafen, wo das Einchecken diesmal richtig flott lief. Als wir dann auf dem Weg zur Startbahn waren, kam die Durchsage des Piloten, der trocken mitteilte, dass das technische Problem von gestern leider immer noch nicht behoben werden konnte: Die Sauerstoffmasken seien defekt. Das sei aber alles kein Problem, man würde einfach tiefer fliegen, so dass im Ernstfall schon genug Sauerstoff in der Kabine wäre. Schlauerweise hatte er das nur auf Deutsch gesagt, so dass es kaum Reaktionen darauf gab. Ich übersetzte es dann für ein paar Argentinier, die ich im Hotel kennengelernt hatte (wir hatten ja Zeit), worauf es dann doch noch etwas lauter wurde. Der Flug verlief trotzdem ohne Probleme. Fische konnten wir allerdings über dem Atlantik nicht ausmachen, so tief musste er dann wohl doch nicht fliegen.

Jan Francke, Madrid, Spanien

In einem Ferienflieger von Berlin nach Teneriffa machte der Kapitän nach einer ganzen Weile Flugzeit plötzlich diese Durchsage: »Ich habe eine gute und eine schlechte Nachricht. Die gute: Wir landen schon in einer Stunde. Die schlechte: Wir landen in Berlin.« Nach einer Pause erklärte er: »Wir haben ein Problem mit der Hydraulik und wollen nicht über offenes Wasser fliegen!« Alles ging zwar gut, aber die an der Landebahn bereitstehenden Rettungskräfte waren nicht besonders beruhigend.

Doreen Huschek, Schildow

Wir flogen mit Iberia von Zürich nach Barcelona. Unsere Plätze befanden sich direkt bei den Notausstiegstüren über den Tragflächen. Nach dem Starten der Turbinen empfand ich den Lärm der Motoren lauter als üblich und stellte fest, dass man an der Tür durch einen kleinen Spalt ins Freie blicken konnte. Ich traute meinen Augen nicht und rief den Kabinen-Service. Der Flugbegleiter bestätigte meine Beobachtung und versprach, sich darum zu kümmern. Nach ein paar Minuten kehrte er zurück und erklärte mir, dass dies nach Rücksprache mit den Technikern kein Problem sei, da der sich erhöhende Druck der Kabine die Tür in den Rahmen drücken und somit fest verschließen würde. Diese Erklärung beruhigte uns nicht wirklich, und so baten wir um einen anderen Platz, um nicht direkt an der Tür zu sitzen – nur so für den Fall. Er wies uns daraufhin neue Plätze zu, und es wurde normal gestartet. Der Flug verlief störungsfrei, so dass der Steward uns beim Landeanflug auf Zürich südländisch unbekümmert zuraunte: »Sehen Sie, wie es gehalten hat!«

Manfred Scheuerl, Hergatz

Nur Sekunden vor dem Aufsetzen, nachdem bereits die Begrüßung »Willkommen in Detroit!« über die Lautsprecher gekommen war, startete der Pilot die Maschine der US Airways durch und schwieg dann für circa fünf Minuten. Danach gab es dann diese Durchsage: »Meine Damen und Herren, wir haben hier ein rotes Licht im Cockpit, das uns signalisiert, dass irgendwas mit dem Fahrwerk nicht in Ordnung ist. Der Tower ist zwar der Meinung, dass das Fahrwerk draußen sei, aber wir schauen lieber mal im Handbuch des Flugzeugs nach.« Eine halbe Stunde und einige merkwürdige Geräusche später sind wir dann sicher gelandet.

Michael Pokern, Oberdorla

Vor einigen Jahren flog ich mit der mittlerweile pleitegegangenen Sabena nach Spanien. Wir betraten das Flugzeug und wollten auf unsere Plätze, als uns mitgeteilt wurde: Heute freie Platzwahl! Und zwar, wenn möglich, im hinteren Drittel des Flugzeugs. Wir wunderten uns zwar, nahmen aber Platz. Als das Flugzeug zum Start rollte, wurde uns die ungewöhnliche Anordnung von einem Steward erklärt: »Wie Sie bemerkt haben, ist das Flugzeug nicht vollbesetzt. Das liegt daran, dass eine der vorderen Türen defekt ist und wir aus diesem Grund nicht vollbeladen fliegen.« Nervlich waren wir am Ende. Aber es kam noch besser. Noch beim Start kam besagter Steward zurück und forderte uns auf: »Bitte schalten Sie Ihre Handys aus!« Alle schauten nach, kein Handy war an. Zwei Minuten später kam er wieder, mit der gleichen Bitte. Langsam wurden wir nervös. Der Start verlief dann aber ohne Probleme.

In der Luft setzte der Steward dann noch einen drauf: »Meine Damen und Herren, wir haben ein kleines Problem.« In diesem Moment war ich kurz davor durchzudrehen, von meiner Frau will ich gar nicht erst reden. Und er fügte hinzu: »Wir können Ihnen leider keinen Kaffee servieren!« Ich glaube heute noch, dass in diesem Moment mindestens 20 Personen den Steward gern gelyncht hätten.

Fernando Abad Manso, Löchgau

Vor dem Start unserer Boeing 777 von Chicago nach Frankfurt kam die Durchsage: »Meine Damen und Herren, unter unserem Flugzeug wurden diverse Schrauben gefunden. Der technische Dienst überprüft gerade, ob sie von unserem Flugzeug stammen.« Nach etwa einer Stunde kam wieder eine Durchsage: »Wir haben eine gute und eine schlechte Nachricht. Die gefundenen Schrauben sind nicht von unserem Flugzeug. Aber die Kontrolle hat ergeben, dass uns da Schrauben fehlen, wo eigentlich welche sein sollten.«

Nach einer weiteren Dreiviertelstunde folgte dann die letzte Durchsage: »Wie es scheint, haben wir wieder alle Schrauben an Bord und werden in Kürze starten.«

Robert Bielesch, Köln

Kurz vor dem Start einer Lufthansa-Maschine in München, es war der erste Flug des Tages nach Düsseldorf, um 6.40 Uhr: Die Maschine beschleunigte, aber es gab kaum Schub – ein schnelles Rollen, aber kein richtiges Beschleunigen. Irgendwas war faul. Nach halber Strecke bog der Pilot von der Startbahn ab. Dann teilte er über Lautsprecher mit: »Ja, wie Sie merken, liebe Gäste, das war KEIN Take-off, wir haben ein kleines Computerproblem. Sie kennen das aus dem Büro, wenn man früh morgens den Computer hochfährt. Manchmal will er nicht. Tja, und genauso kann es einem Bordcomputer hier bei uns auch gehen. Wir holen einen Techniker, der bringt das wieder in Ordnung.« Die saloppe Ansage trug nicht gerade zur Beruhigung bei – der Flug verlief danach jedoch problemlos.

Michael M. Winter, Mollet del Vallés, Spanien

Im Jahr 1981 habe ich in einer amerikanischen McDonnell Douglas DC-10 mit 330 deutschen Touristen an Bord beim Rückflug aus der Karibik einen Beinahe-Crash erlebt: Wir saßen schon alle in der Maschine auf dem Flughafen von San Juan in Puerto Rico, da kamen Techniker mit einer Leiter und untersuchten das linke Triebwerk. Ich saß so, dass ich alles genau beobachten konnte. Ein Feuerwehrfahrzeug mit einer Löschkanone auf dem Fahrerhausdach spritzte Wasser über das Triebwerk.

Ansage aus dem Cockpit: »Beim Tanken ist Benzin übergelaufen, und das wird nun abgespült.« Danach rollte die Maschine zur Startbahn, beschleunigte – und kurz vor dem »Point of no Return« explodierte dieses Triebwerk. Ich sah Flammen, dann weißen Nebel durch die automatische Feuerlöschanlage, das Feuer war sofort aus. Der Pilot legte eine Vollbremsung hin. Kaum zu glauben, wie schnell so eine schwere Maschine abbremsen kann. Wir rollten zur Abfertigung zurück und verließen dann das Flugzeug. Während wir alle warteten, wie es nun weitergeht, stand plötzlich der Kapitän bei uns. Ein älterer Herr, vermutlich um die sechzig, recht klein. Natürlich wurde er mit Fragen bestürmt. Er grinste breit und sagte: »Eine oder zwei Sekunden später – und wir hätten echt ein Problem gehabt.«

Walter Schwarzer, Erkrath

Auf einem Flug in einer amerikanischen Linienmaschine hatte ich einen Fensterplatz über der Tragfläche und bemerkte, dass sich bei jedem Wippen des Flugzeugs ein großer Spalt quer über die Tragfläche öffnete. Als ich die eine Stewardess diskret darauf hinwies, dass die Tragfläche sich von uns löst, und es ihr zeigte, wurde sie sehr blass. Sie bat mich, nichts zu sagen, und verschwand. In den folgenden Stunden fand ich meine innere Ruhe fürs Leben. Selbst beim Aussteigen wurde kein Wort darüber verloren.

Volker W. Stieber, Winston-Salem, USA

Kurz vor Silvester 1999/2000 reiste ich mit meinem Freund Frank nach Nepal. Es war sein erster Flug und sein erster Trip nach Asien. Ein denkwürdiger Augenblick. Wie Flugneulinge so sind, verunsicherten ihn die Geräusche, die in einem Flugzeug zu hören sind. Ich versuchte, ihm alles zu erklären: Wwwwwwwwwffffrt! Frank: »Was war das?« Ich: »Der Pilot hat gerade die Landeklappen gecheckt. Schau mal aus dem

Fenster!« Schrrrschrrschrr! BONG! Frank: »Und das?« Ich: »Die Beladung des Gepäcks!« ZZZZZZschrup! Frank: »Und das?« – »Hmm, die haben gerade die Ladeklappe geschlossen.« Frank lehnte sich zurück und schloss die Augen. »Na dann«. RATTER RATTER PENG! Das Flugzeug setzte sich rückwärts in Bewegung. Ich erklärte: »Jetzt haben sie das kleine Gefährt vorn angesetzt und rollen das Flugzeug rückwärts!« Frank: »Okay.«

Als wir auf der Startbahn standen, kam die Ansage des Kapitäns der Royal Nepali Airlines: »Meine Damen und Herren, wir bereiten uns auf den Start vor. Wir …« Urplötzlich war ein metallisches Geräusch zu hören, das sich vom Bug ausgehend Richtung Heck zu bewegen schien, vergleichbar dem Klang reißenden Papiers. Nur unendlich lauter. »Das klingt lustig! Das ist doch normal, oder?«, fragte Frank. Meine Antwort: »Ähm … also eigentlich …« Eine gewisse Unruhe hatte die Passagiere erfasst, und einige fragten sehr laut, was das wohl war.

Der Pilot meldete sich zu Wort: »Liebe Passagiere, ich muss Ihnen mitteilen, dass wir technische Prob…« In dem Moment machte es irgendwo laut BONG, und die Energie war weg. Kein Licht, die Triebwerke dröhnten nicht mehr und surrten langsam aus. Eine dralle nepalesische Stewardess versuchte, die Passagiere zu beruhigen. »Kein Problem, Sir, kein Problem … bitte seien Sie ruhig und haben Sie Geduld. Unser Kapitän ist ein sehr geschickter Mann.«

So saßen wir in absoluter Dunkelheit (es war 21 Uhr abends), und niemand sagte uns, was los war. Dafür hörten wir Geschrei aus dem Cockpit. Dann plötzlich rege Betriebsamkeit unter der

Maschine. Ein Anlasserfahrzeug fuhr heran und startete extern die Triebwerke neu. Das Licht ging wieder an, die Stewardessen lächelten professionell. Doch wirkliche Ruhe herrschte nicht unter den Passagieren. Ein paar wollten aussteigen, sagten dies aber nicht der Stewardess, sondern anderen Passagieren.

Dann wieder eine Durchsage: »Meine Damen und Herren, wir sind jetzt bereit zum Starten. Möge Gott mit uns sein.« Die Triebwerke dröhnten auf, und die Maschine raste die Startbahn entlang. Als wir langsam an Höhe gewannen, sagte Frank: »Na hoffentlich passiert uns das nicht noch mal in zehn Kilometer Höhe.« Seine Stimme war dabei sehr ruhig, sehr bestimmt – und so laut, dass auch die Passagiere um uns herum das hören konnten. Während des gesamten Fluges, bis zur Zwischenlandung in Dubai, war es fast totenstill in der Maschine.

Ulli Kunz, Berlin

Unser Flug von Mönchengladbach nach Luton startete mit zwei Stunden Verspätung, weil es an der Maschine technische Probleme gab. Als wir in der Luft waren, flogen wir quasi auf »Schleichfahrt« in zwei Kilometer Höhe nach Luton. Der Kapitän meldete sich aus dem Cockpit: »Wir begrüßen Sie auf dem Flug nach Luton. Wie bereits gemeldet, hatten wir technische Probleme – aber wir befinden uns ja jetzt auf dem Weg zu unserem Ersatzteillager in Luton.«

Gunther Bierbrauer, Siegen

Bei einem Flug von Dresden nach Hamburg mit Cirrus Airlines gab es rechts außerhalb des Flugzeugs einen lauten Knall, der Flieger wackelte kurz, und dann klapperte es ständig an der rechten Seite. Die Flugbegleiterin und schließlich auch der Pilot schauten ratlos aus dem Fenster hinter der Tragfläche, konnten aber nichts erkennen. Zurück im Cockpit machte der Kapitän folgende Durchsage: »Wir wissen nicht, was es war, aber wir fliegen noch. Wir gehen jetzt auf 4000 Meter runter und fliegen weiter nach Hamburg.« Die Passagiere der kleinen Maschine wurden vorsichtshalber auf die linke Seite gesetzt. Nach der Landung stellte sich heraus, dass sich an der rechten Seite eine Verkleidung geöffnet hatte, die Notrutsche herausgerissen worden war und ein Metallteil gegen die Außenhaut der Maschine geschlagen hatte.

Uwe Hofmann, Hamburg

Ich habe eine interessante Durchsage des Piloten kurz vor dem Start in Stuttgart erlebt. Nachdem sich der Abflug nach Berlin verzögert hatte, wurde den Passagieren mitgeteilt, dass es Probleme mit dem Bordcomputer gebe, der den Startvorgang steuert. »Ist halt so 'ne Windows-Macke«, erklärte der Pilot lapidar. »Den Fehler werden wir nun per Fernwartung aus Berlin beheben.« Na toll. War richtig beruhigend, das zu wissen. Einige Passagiere bestanden anschließend darauf, ein persönliches Gespräch mit dem Kapitän zu führen, um sich die »Macken« erläutern zu lassen. Das hat er dann auch gemacht. Der Flug verlief danach trotz Windows-Betriebssystem problemlos.

Ralph Jakisch, Berlin

Vor einem Lufthansa-Flug von Frankfurt nach Washington wurde im Warteraum Folgendes durchgesagt: »Meine Damen und Herren, wir haben einen Defekt an der Maschine, der derzeit behoben wird. Der Abflug verzögert sich daher.« Durch ein Fenster konnten die Passagiere sehen, wie die Piloten wild in dicken Büchern blätterten. Eine Stunde später: »Die Lufthansa hat sich entschlossen, die Maschine auszutauschen. Der Abflug verzögert sich weiter.« Eine weitere Stunde später, dieselbe Maschine stand noch am Gate, hieß es: »Meine Damen und Herren, Ihre Maschine ist nun zum Einsteigen bereit!« Immerhin hat der Pilot dann die Fluggäste beruhigt: »Es war ein Lämpchen für 80 Cent. Seien Sie versichert, dass diese Maschine hundertprozentig in Ordnung ist – sonst würde ich auch nicht mitfliegen.«

Dirk Mallwitz, Monheim

Ein Vielflieger erzählte mir folgende Geschichte. Sie stammt aus der Zeit, als üblicherweise im Cockpit noch drei Leute arbeiteten. Mein Bekannter hatte gerade auf seinem Sitz in der Reihe des Notausgangs Platz genommen, als der Sitznachbar ihn fragte: »Haben Sie auch Flugangst?« Er antwortete: »Eigentlich nicht, Flugzeuge sind heute so sicher, es kommt doch kaum noch zu Unglücken.« Der Nachbar stoppte das Gespräch, vermutlich hatte er auf einen »Flugangst-Kumpel« gehofft oder fühlte sich nicht ernst genommen.

Das Flugzeug startete, es gab Essen, und danach begaben sich die Leute zur Ruhe. Die Gespräche und andere Geräusche in der Kabine wurden merklich weniger. Plötzlich fragte der Sitznachbar aufgeregt: »Hören Sie auch dieses merkwürdige Pfeifen?« Der Angesprochene hörte zunächst nichts, drehte dann seinen Kopf ein bisschen nach rechts und links, und in der Tat: Von der Tür her hörte man ein recht hohes und durchaus lautes Pfeifen. Er schaute sich dann etwas genauer den Türrahmen an und sagte: »Da ist ja ein Loch!« Der Nachbar wurde kreidebleich. In der linken unteren Ecke des Türrahmens schimmerte aus einem winzigen Loch die Sonne von außen schwach durch, ein wenig Luft entwich aus der Kabine. Der Luftstrom verursachte das Pfeifen.

Der Mann mit Flugangst war völlig fertig und drückte sofort den Service-Knopf. »Da ist ein Loch in der Tür«, teilte er der Stewardess mit. Ihrem Gesicht war anzusehen, dass sie ihm kein Wort glaubte. Die Passagiere deuteten auf das winzige Loch und erwähnten auch das Pfeifen durch die entweichende Luft. Die Stewardess sagte: »Oh, da muss ich wohl den Purser holen.« Der Chef-Steward kam nach einigen Minuten und vergrößerte das Unbehagen. »Hm, das muss sich wohl unser Bordtechniker mal ansehen.« Der Mann mit Flugangst hatte jetzt große Schweißperlen auf der Stirn. »Ist so ein Loch im Rumpf nicht gefährlich?«, fragte er den Purser. »Das kommt darauf an, ob es größer wird oder nicht.«

Schließlich kam vom Cockpit der Techniker, sah sich die Tür an und sagte: »Kein Problem, das haben wir gleich.« Er verschwand kurz, kam mit einer Rolle Gaffa-Klebeband zurück und legte drei Lagen über das Loch in der Tür. Das Pfeifen verschwand, und die Sonne konnte man auch nicht mehr sehen. Der Sitznachbar meines Bekannten brauchte allerdings noch eine Zeitlang, bis er wirklich glauben konnte, dass damit das Problem zumindest für den Rest des Fluges behoben war.

Marcellus Buchheit, Shoreline, USA

INFOBOX: Wie weit kommt ein Flugzeug ohne Triebwerke?

Selbst wenn sämtliche Triebwerke ausfallen, können Verkehrsflugzeuge im Gleitflug noch erstaunliche Distanzen zurücklegen. Aus zehn Kilometern Höhe kann ein Airbus A320 beispielsweise noch etwa 150 Kilometer gleiten. Allerdings führen Kurven und Wendemanöver zu Höhenverlust, in der Praxis ist also die Reichweite bei der Ansteuerung eines Flughafens für eine Notlandung meist geringer. Auch das Gewicht des Flugzeugs beeinflusst die Reichweite.

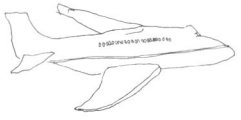

Kapitel 5

Flüge in fernen Ländern: »Im Cockpit können kaufen Wodka«

Reisen bildet, heißt es – und manchmal bringt einem schon der Flug eine andere Kultur nahe. Wer zum Beispiel mit der arabischen Fluglinie Qatar Airways fliegt, kann sich jederzeit die Richtung, in der Mekka liegt, auf dem Bildschirm anzeigen lassen. Wer in China abhebt, der wird sich schon mal über Fußabdrücke auf der Toilettenbrille wundern, Fluggäste in Alaska staunen über Schlittenhunde in der Kabine.

Und wer mit russischen Fluggesellschaften unterwegs ist, der kann mit einem Laster der Russen konfrontiert werden: dem Trinken. Meistens sind es Passagiere, die selbst am frühen Morgen zollfrei eingekauftem Whisky, Wodka oder Cognac zusprechen und dann schwer alkoholisiert ihre Mitreisenden nerven – bis sie von diesen sogar in die Toilette eingesperrt werden, wie im Januar 2008 auf einem Flug von Kaliningrad nach Moskau passiert. Überliefert ist aber auch ein Fall, in dem russische Passagiere revoltierten, weil sie einen betrunkenen Kapitän im Cockpit vermuteten.

Im Dezember 2008 begrüßte der Pilot Alexander C. in einer Boeing 767 auf dem Flughafen von Moskau seine Gäste so undeutlich, dass die Zuhörer noch nicht einmal die Sprache identifizieren konnten. Besorgt protestierten sie bei der Bord-Crew. Doch die forderte die Passagiere auf, das Flugzeug zu verlassen, wenn sie nicht mitfliegen wollten. Die erregten Fluggäste verlangten den Kapitän zu sehen. Sein Gesicht war krebsrot, seine Augen blutunterlaufen, schilderte ein Augenzeuge. »Sehe ich für Sie betrunken aus?«, fragte C. »Ja!«, entgegneten einige der Passagiere.

Erst nach heftigen Protesten und stundenlangem Warten tauschte die Fluglinie den Piloten aus. Ein Angestellter versicherte einem mitreisenden Reporter zufolge, dass ein betrunkener Kapitän eigentlich keine große Sache wäre. »Er muss doch nur einen Knopf drücken, und das Flugzeug fliegt von selber«, sagte er. »Das Schlimmste, was passieren kann, ist, dass er im Cockpit über etwas stolpert.« Später entschuldigte sich die Fluglinie und gab zu, dass C. am Abend vorher seinen Geburtstag gefeiert habe. Sie bestritt allerdings, dass der Pilot noch betrunken gewesen war.

In fernen Ländern herrschen fremde Sitten – und manchmal ein anderes Verständnis für Sicherheit. In die Neugier auf Exotik kann sich in manchen Ecken des Globus ein Prickeln der Furcht mischen. Speziell dann, wenn die Reise mit einheimischen Fluglinien fortgesetzt werden soll, die die in Europa geltenden Sicherheitsanforderungen nicht erfüllen.

Was Kunden der Yemenia Airlines erlebten, wurde nach dem tödlichen Absturz vor den Komoren im Juni 2009 bekannt: Eine Bürgerinitiative komorischstämmiger Franzosen hatte sich schon seit längerem über »fliegende Särge« beklagt, die im jemenitischen Sanaa starteten. Oft sollen Gurte an Bord gefehlt haben, die Toiletten verstopft gewesen sein, und in überbuchten Fliegern hätten die Passagiere auf den Gängen neben ungesichertem Gepäck hocken müssen.

Doch nicht nur die Crew und die Technik können dem entspannten Flugvergnügen einen Strich durch die Rechnung machen: Auf den Landebahnen der Ferne kreuchen und fleuchen öfter einheimische Lebewesen mit wenig Verständnis für das Risiko, in das sie sich begeben. Gazellen und Gnus trotten über Afrikas Pisten, heilige Kühe rupfen in Indien im Fluglärm stoisch Gras, Kängurus hüpfen in Australien über die weiten Flächen der Landebahnen. Auf kleineren Flughäfen in afrikanischen Ländern ist eine Extrarunde vor der Landung ratsam, um im Tiefflug das Terrain zu sichten – was auch flugerfahrenen Passagieren ein gewisses Prickeln beschert …

In diesem Kapitel:
**Kreuzende Krokodile, üble Übersetzungs-
fehler und heilige Hindernisse**

Bei einem Flug von Erfurt nach Agadir versuchte die Crew der Royal-Air-Maroc-Maschine die Ansagen auf Deutsch zu machen: »Im Notfall werden Sie von den kleinen Lampen zu den Notausgängen gefeuert.«

Philipp Hoffmann, Hannover

Flüge mit russischen Airlines sind schon ohne besondere Vorkommnisse selten lustig. Die Maschine, mit der wir eigentlich fliegen sollten, war leider vor zwei Tagen von besonders patriotischen Tschetschenen abgeschossen worden. In der Ersatzmaschine herrschte nun gedrückte Stimmung. Das Flugzeug schien nur durch Kilometer von Klebeband zusammengehalten zu werden. Eine Durchsage vom Kapitän hellte schließlich die Stimmung deutlich auf. Zweisprachig verkündete er: »Im Cockpit Sie können kaufen für kleines Geld Wodka und Bier!« Ich ärgerte mich, dass mein vorher eingenommenes Beruhigungsmittel Alkohol verbat.

Yannick Philipp Schwarz, Kassel

Im Anflug auf Mumbai in Indien vor ein paar Jahren: Die Crew machte ihre Standardansage: »In wenigen Minuten landen wir in Mumbai. Bitte kehren Sie zu Ihren Sitzen zurück, legen Sie den Sicherheitsgurt an und stellen Sie die Rückenlehnen aufrecht.« Das Flugzeug begann mit dem Sinkflug. Doch etwa zehn Minuten später flogen wir eine scharfe Rechtskurve und stiegen wieder.

Dann meldete sich der australische Co-Pilot aus dem Cockpit: »Ladies and gentlemen, unsere Landung wird sich bedauerlicherweise ein wenig verzögern. Es befinden sich anscheinend gleich mehrere Kühe auf der uns zugewiesenen Landebahn. Der Tower informiert uns, dass man leider keine Gewalt anwenden könne, aber alles versucht werde, die heiligen Geschöpfe dort wegzulocken und in Sicherheit zu bringen.« Kurze Pause, dann kam der trockene Nachsatz: »Lassen Sie uns hoffen, dass es gelingt, bevor uns der Sprit ausgeht. Bis dahin genießen Sie die Extrarunden. Und willkommen in Indien!« Glücklicherweise waren uns die Götter wohlgesinnt – nach etwa einer Dreiviertelstunde Kreisen konnten wir sicher landen.

Silke Preussker, Hongkong

Während des Anfluges auf Bangkok mit Thai Airways gab der Pilot die üblichen Informationen zur Zeitverschiebung, den Temperaturen und so weiter. Dann fügte er deutlich grimmiger hinzu: »Übrigens sind 99,99 Prozent der thailändischen Frauen keine Prostituierten.«

Lutz Neumann, Berlin

Bei einer Landung mitten in der chinesischen Provinz waren die ausländischen Passagiere sehr überrascht, dass offensichtlich der ganze Ort mit Autos und Fahrrädern gekommen war, um die Landung zu beobachten. Doch als das Flugzeug wieder abgehoben hatte, strömten all diese Menschen vom Seitenstreifen auf die Rollbahn und benutzten sie wie zuvor wieder als Straße.

Eberhard Spohd, Berlin

Im Jahr 2000 auf einem Emirates-Flug von Dubai nach Riad sagte die Stewardess nach der Landung: »Herzlich willkommen in Riad. Bitte stellen Sie Ihre Uhren um eine Stunde und einhundert Jahre zurück, die Außentemperatur beträgt ...«

Knut Splett-Henning, Rensow

Auf einer Flugreise, bei der wir circa 200 Kilometer von Nowosibirsk aus mit einem extrem kleinen, alten Flugzeug fliegen mussten, wurde das Gepäck zwischen den Passagieren verstaut, unter anderem auch eine Ziege. Der Kapitän ließ die Tür zum Cockpit offen, so dass man einen herrlichen Blick nach vorn hatte, aber doch das Gefühl bekam, man befände sich in einem fliegenden Traktor. Ich habe von Anfang an innerlich gebetet, dass dieser Alptraum schnell zu Ende geht. Zur Entspannung bin ich dann in die Kabine des Kapitäns gegangen und habe ein paar Worte mit ihm gewechselt. Plötzlich stand er auf und sagte mir, ich solle mich auf den Pilotenstuhl setzen. Er zeigte mir kurz, wie ich das Steuer halten sollte und verschwand dann auf der Toilette. Ich habe mich noch nie so schwach gefühlt wie in diesem Moment! Zum Glück kam er schnell wieder und grinste mich an. Mein Puls war auf 180!

Mathias Bergmann, München

Auf dem Flug von Düsseldorf nach Dalaman in der Türkei musste unser Pilot die Landung unmittelbar vor dem Aufsetzen abbrechen und durchstarten. Auch den zweiten Versuch brach er ab und kreiste dann rund zehn Minuten über dem Meer. Erst nach dem dritten Anlauf landeten wir. Vom hörbar schlechtgelaunten Piloten kam die Durchsage: »Beim ersten Mal gab es Kühe auf der Landebahn. Das Englisch der türkischen Fluglotsen trägt auch nicht gerade zur Sicherheit bei, gelinde gesagt. Und dann hat genau beim zweiten Anflug der Wind gedreht, und wir kamen in eine Warteschleife. Man könnte fast meinen, man sei hier in Dalaman.«

Christian Bendel, Düsseldorf

Auf einem Flug von Dubai nach Düsseldorf mit Emirates, sagte der Steward kurz vor der Landung in leicht gebrochenem Deutsch: »Meine Damen und Herren, bitte halten Sie die Dicken bereit.« Gemeint waren die Decken, die eingesammelt werden sollten. Nach der Landung informierte er uns dann: »Die Ohrzeit beträgt 19.20 Uhr, und die Temperaturen liegen bei 80 Grad.« Die Passagiere staunten nicht schlecht.

Syril Gregory, Köln

Ich war auf dem Weg von Neuseeland nach München und musste in Bangkok umsteigen. Dort angekommen, begleitete uns eine Thai-Airways-Angestellte durch den Flughafen zu unserem Anschlussflug. Plötzlich blieb sie stehen, ein weiterer Mitarbeiter der Airline kam hinzu und erklärte uns: »We are very sorry, but you can't fly to Munich tonight. We lost the plane – but it was here this afternoon!« (»Es tut uns sehr leid, aber Sie können heute Abend nicht nach München fliegen. Wir haben das Flugzeug verloren – aber heute Nachmittag war es noch hier!«)

Jonas Hahn, Ulm

Als wir im Landeanflug über Amsterdam schwebten, sahen wir, dass ziemlich dicht beim Flughafen ein Großbrand wütete. Kurze Zeit später kam die trockene Durchsage des Piloten:

»Für alle, die zum ersten Mal nach Amsterdam fliegen: Auf der linken Seite sehen Sie einen der berühmten Coffee Shops.«

Johannes Schiff, Tübingen

Bei einem Flug von Singapur nach Lombok in Indonesien mit Silk Air hatten wir eine ruppige Landung. Nachdem der Kapitän die Maschine einmal hart aufgesetzt hatte, sprang sie wieder etwas hoch und setzte ein zweites Mal auf, bevor der Pilot durchstartete. Wir flogen eine Schleife und landeten nach dem zweiten Versuch. Danach sagte der Co-Pilot über den Lautsprecher: »Sehr geehrte Damen und Herren, liebe Tierfreunde. Beim ersten Versuch hat der Kapitän Krokodile auf der Landebahn gesehen, weshalb wir etwas später aufsetzten. Plötzlich waren da noch mal Krokodile, weshalb wir nochmals kurz in die Luft gingen. Dahinter war zu wenig Landebahn, um zum Stehen zu kommen. Bei unserer zweiten Landung waren alle Krokodile weg. Kein Tier ist zu Schaden gekommen. Wir würden uns sehr freuen, wenn Sie bald wieder mit der tierfreundlichsten Airline der Welt fliegen würden.«

Michael Hierl, Berlin

Auf einem Flug mit der Swissair von Dubai nach Zürich kam diese Durchsage: »Wir haben soeben den griechischen Luftraum verlassen, worüber wir auch ganz froh sind, weil das Englisch der Fluglotsen wenig ausgeprägt ist.«

Michael Müller

Ich war selber Pilot und habe in Kanada mit einer zweimotorigen Piper Navajo Geschäftsleute von Ort zu Ort geflogen.

Diese Maschinen haben kein geschlossenes Cockpit, so dass die Passagiere alles mitbekommen, was sich vorn abspielt. Während des ersten Golfkrieges waren wir kurz vor der Landung auf dem Saint-Hubert Airport, auf einem Flugplatz bei Montreal, der auch vom Militär genutzt wurde. Wir flogen über ein Wohngebiet der Militärangehörigen. Einige Kinder hatten wohl eine Leuchtrakete des Militärs gefunden, die sie nun im Dunkeln abschossen. Sie verfehlte uns nur um wenige Meter. Während die Passagiere vor Panik schrien, funkte mein Co-Pilot ganz ruhig an den Tower: »You 're sure, sir, this is Saint-Hubert and not Bagdad?« (»Sind Sie sicher, dass wir in Saint-Hubert sind und nicht in Bagdad?«)

Raimund Wild, Montreal, Kanada

Auf einem Flug mit der El Al von Frankfurt nach Tel Aviv machte der Pilot folgende Durchsage: »Wenn nichts dazwischenkommt und wir nicht abgeschossen werden, sind wir in gut drei Stunden in Tel Aviv. Dort ist das Wetter dann genauso schlecht wie hier.«

Christian Wolf, Hamburg

Vor dem Abflug vom australischen Flughafen Proserpine in Queensland gab der Pilot durch: »Meine Damen und Herren, hier spricht Ihr Kapitän. Ich entschuldige mich für die Verspätung, aber es sieht von hier so aus, als müsse die Boden-Crew noch ein paar Kängurus von der Startbahn verscheuchen.« Einige Zeit später meldete er: »Hier spricht nochmals Ihr Kapitän. Wie es aussieht, wird das noch eine Weile dauern.« Aus dem Fenster konnten wir die Jagd des Personals mit kleinen

Gepäckschleppern auf die eleganten und vor allem schnellen Kängurus beobachten.

Frank Jaeger, München

Die erschreckendste Durchsage erlebte ich bei einem American-Airlines-Flug von Boston nach Frankfurt. Nach bereits zwei Stunden über dem Atlantik drehte die Maschine plötzlich um. Der Steward, dessen Deutsch ein bisschen eingerostet war, machte die folgende Durchsage: »Meine Damen und Herren, wir haben gewendet, da eines der Triebwerke brennt. Nun müssen wir in neu gefundenem Land runter.« Unter den Passagieren machte sich mittelschwere Panik breit: Maschine brennt? Land finden? Erst die englischsprachige Durchsage des Piloten beruhigte wieder etwas: Eines der Triebwerke verbrenne zu viel Öl, deshalb würden wir in Neufundland landen.

Raphael Gnirck, Bad Homburg

Nachdem wir wegen angeblich »schlechten Flugwetters« schon lange auf unseren Flug von Moskau nach Ulan-Ude in Sibirien gewartet hatten, wurden wir endlich von einem Bus in die hinterste Ecke des Domodedowo-Flughafens gebracht. Dort stand eine alte Tu-134, an deren Heck noch geschraubt wurde. Aus dem Flugzeug stürzten uns die Flugbegleiterinnen entgegen und riefen: »Gehen Sie weg von hier!«, und der gestresst wirkende Pilot fragte: »Wer hat euch hierhergebracht?! Ich brauche noch mindestens zwei Stunden, um 600 Schrauben anzuziehen! Ich bin schon seit fünf Uhr hier!«

Nach erfolglosen Versuchen, die Flugtickets zurückzugeben, eine Ersatzmaschine zu bekommen oder an einen Ansprechpartner der Fluggesellschaft Enkor heranzukommen, wurden wir zwei Stunden später wieder zum Flugzeug gebracht. Auf dem Weg zur Landebahn wurde das Flugzeug angehalten. Der Pilot rannte hinaus und stritt mit einigen Enkor-Mitarbeitern. Dann kam er zurück und sagte: »Was erzählen die mir?! Die Maschine funktioniert! Wir fliegen!« Und wir sind geflogen. Nach der weichen Landung wurden Bonbons verteilt.

Elena Jouravel, Berlin

Während eines Fluges von Christchurch in Neuseeland ins australische Brisbane hat der Kapitän uns erklärt, dass der Flughafen in Brisbane derzeit zu »busy« sei und wir nicht landen könnten. Er fügte hinzu: »But we are lucky, they gave us the loop over the Barrier Reef. Now I can show you how beautiful our country is.« (»Aber wir haben Glück und dürfen die Schleife über das Great-Barrier-Riff fliegen. Jetzt kann ich Ihnen zeigen, wie wunderschön unser Land ist.«) Alle Passagiere waren traurig, als der wunderbare Sightseeing-Flug beendet war.

Cornelia Willert, Moerfelden-Walldorf

Nach der Landung in Johannesburg kam folgende Durchsage: »Danke für Ihren Flug mit Kulula und willkommen in Johannesburg. Sollten Sie Ihr Auto nicht mehr in der Parkgarage vorfinden, wenden Sie sich an Kulula und wir besorgen Ihnen einen günstigen Mietwagen.«

Peter Zangerle, Umhlanga Rocks, Südafrika

Im Landeanflug einer australischen Qantas-Maschine auf Wellington in Neuseeland meldete der Kapitän, der sich gerne an den Sticheleien zwischen Australiern und Neuseeländern beteiligte: »Ladies and gentlemen. In wenigen Minuten landen wir in Wellington. Bitte vergessen Sie nicht, Ihre Uhren um 22 Stunden zurückzustellen.«

Martin A. Wielebinski, Halle

Auf dem Weg von San Francisco nach Seattle überflogen wir den Mount St. Helens, der vor ein paar Jahren ausgebrochen war. Der Pilot machte dann die Durchsage: »Wir drehen jetzt eine Runde, damit Sie mal in einen Vulkan schauen können.« Und als der Linkskreis vollzogen war, ergänzte er: »Und jetzt das Ganze noch mal anders herum, damit die Passagiere auf der rechten Seite auch was davon haben.« Man konnte direkt in den Krater des Vulkans hineinschauen, denn der Pilot flog wirklich zwei Steilkurven.

Gerald Könke, Eschach

Vor Jahren wagte ein Bekannter auf einer Indienrundreise einen Inlandsflug. Als nach drei Stunden Verspätung immer noch Warten angesagt war, ging er zur Maschine. Dort waren mehrere Arbeiter damit beschäftigt, die verklemmte Einstiegstür mit Brechstangen aufzuhebeln. Nachdem das geschafft war, konnten zwei Dutzend Passagiere nicht mit an Bord, da man die Plätze in Türnähe frei lassen wollte. Damit sie nicht rausreißen konnte, wurde die Tür innen mit Stricken festgebunden. Als weitere Sicherheitsmaßnahme wurde der Flug in Bodennähe absolviert. Das hieß beim Flug durch das Gebirge: Blick nach links – Felshänge, Blick nach rechts – Felshänge. Ab und zu ging es mal steil nach oben, dann war ein Berg im

Weg. Am Ziel angekommen, imitierte mein Bekannter den Papst und küsste die Rollbahn.

Heiko Lappat, Berlin

Ich flog von Hongkong nach Peking mit China Southern Airlines. Die Boeing sah schon von außen etwas heruntergekommen aus. Meine Beunruhigung wuchs, als ich feststellte, dass sich die Kabinenverkleidung oberhalb des Fensters in meiner Sitzreihe ein Stück zurückklappen ließ und den Blick auf den Zwischenraum freigab. Die Krönung war, dass die Verkleidung des Triebwerks, das wir von unserem Fenster aus sehen konnten, von Rissen durchzogen war. Teilweise waren die oberen Schichten abgeplatzt. Der chinesische Steward, den ich rief, erwies sich als sehr hilfreich. Er fixierte zunächst die Kabinenverkleidung mit Klebeband und erklärte mir dann in gebrochenem Englisch: »Keine Angst! Das Flugzeug ist sehr zuverlässig. Es fliegt schon seit zwanzig Jahren!«

Manuel Wittek, Karlsruhe

In den achtziger Jahren flog ich mit der rumänischen Fluglinie Tarom von Bukarest ans Schwarze Meer. Die Stewardess stellte fest, dass auch Deutsche an Bord waren. Voller Freude machte sie folgende Ansage auf Deutsch: »Meine Damen und Herren, willkommen an Bord der Tarom. Wir möchten Sie darauf hinweisen, dass sich in dieser Maschine keine Schwimmwesten befinden, da diese Airline zu den sichersten der Welt gehört.« Es handelte sich um eine ehemalige russische Propellermaschine, die vom Militär ausgemustert worden war.

Vera Conrad, München

Der Kapitän auf einem Ryanair-Flug von Frankfurt nach Göteborg begrüßte uns mit den Worten: »Liebe Fluggäste, ich begrüße Sie herzlich auf unserem Flug nach Edinburgh.« Darauf sagten mein Sitznachbar und ich zu dem Steward, der neben uns stand, dass wir eigentlich nach Göteborg fliegen wollten. Antwort des Stewards: »Ja, kein Problem. Wissen Sie, der Pilot ist Franzose.«

Karin Brünnemann, Bratislava

Auf einem Air-Berlin-Flug von Moskau nach Berlin sah der überwiegende Teil der russischen Passagiere recht robust aus. Die deutsche Ansage des Flugbegleiters lautete: »Meine Damen und Herren, zum Start werden wir nun das Kabinenlicht dimmen. Sollten Sie verständlicherweise Angst vor Ihrem Sitznachbarn bekommen: Über Ihnen befinden sich kleine Leseleuchten, die Sie gegebenenfalls anschalten können.« Die englische Ansage war dann sehr neutral formuliert.

Werner Portner, Berlin

Bei einem Flug mit einem Kleinflugzeug über das Orinoco-Delta zum Salto Angel in Venezuela machte der britische Pilot folgende Ansage: »Meine Damen und Herren, wie Sie sehen, hätten wir in dem dichten Dschungel dort unten große Schwierigkeiten, einen Platz für eine Notlandung zu finden. Das macht aber eigentlich nichts. Denn dort unten gibt es so gut wie nichts, das wir essen könnten, aber eine Menge Tiere, die uns verspeisen möchten.«

Felix Bodmann, Moisburg

Nach der Landung unserer United-Airlines-Maschine aus Las Vegas in San Francisco fügte die Stewardess zu ihrer üblichen Ansage Folgendes hinzu: »Welcome to San Francisco – and remember, what happens in Vegas stays in Vegas. Welcome back to reality!« (»Willkommen in San Francisco … und denken Sie daran, was in Vegas passiert, bleibt in Vegas. Willkommen zurück in der Realität!«)

Markus Grau, München

Anfang der neunziger Jahre flog ich mit einer kasachischen Fluglinie von Hannover nach Almaty. Die Tupolew Tu-154 sah nicht gerade vertrauenerweckend aus. Unsere Boarding-Pässe wurden von einem Mechaniker kontrolliert, der so düster dreinblickte, als habe er gerade vergeblich versucht, die Maschine wieder flugfähig zu machen. Auf die Frage, ob er überhaupt selber mitfliegen würde, antwortete er: »Ich bin nicht befugt, Ihnen darüber Auskunft zu geben.«

Andreas Pertsch, Langenhagen

INFOBOX: Wie sicher ist Fliegen?

Am gefährlichsten ist der Weg zum Flughafen, sagt die Luftfahrtbranche – und auch die Statistiker stimmen dem im Allgemeinen zu. Flugzeugabstürze sind selten und solche ohne Überlebende noch seltener. Auch die Zahlen des internationalen Fluggesellschaftsverbands IATA zeugen von einem sicheren Verkehrsmittel: Pro eine Million Starts kam es im Jahr 2008 zu weniger als einem schweren Unfall mit Totalverlust eines Linienjets. Von 2,3 Milliarden Passagieren weltweit kamen nach dieser Erhebung 502 ums Leben, das heißt, nur jeder viereinhalbmillionste Flugreisende verunglückte tödlich. Im Straßenverkehr dagegen starben allein in Deutschland im gleichen Jahr fast 4500 Menschen.

Dieser Vergleich ist jedoch trügerisch, denn geflogen wird im täglichen Leben ungleich weniger als Auto gefahren. Doch selbst das Statistische Bundesamt scheut sich, eine direkte Gegenüberstellung zwischen den unterschiedlichen Verkehrsmitteln Flugzeug, Auto und Bahn zu berechnen, zu unzureichend sei die Datenbasis. Grob lässt sich jedoch Folgendes feststellen: Bezieht man die Zahl der tödlich verunglückten Passagiere auf die zurückgelegten Kilometer, dann schlägt das Flugzeug Auto und Bahn in puncto Sicherheit bei weitem. Bezogen auf die »Passagierbewegungen«, das heißt auf die Anzahl der Flüge, Auto- oder Bahnfahrten, ist Fliegen gefährlicher als andere Verkehrsmittel.

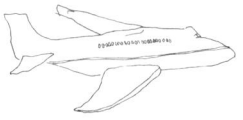

Kapitel 6

Auf Reiseflughöhe:
»O mein Gott, die Tragfläche!«

Langeweile auf der Langstrecke: Um sich die Zeit zu vertreiben, spielen zwei Piloten im Cockpit eine Runde »Ich sehe was, was du nicht siehst«. Doch nachdem in Sekundenschnelle die Begriffe »Himmel« und »Wolken« erraten sind, fällt ihnen nichts mehr ein. Schon verdammt öde, so ein Routineflug. Um am Arbeitsplatz endlich mal wieder etwas zu lachen zu haben, beginnen die beiden, die Passagiere zu irritieren. Sie schalten das Mikro an und sagen Dinge wie »Meine Damen und Herren, hier spricht der Kapitän. Es gibt überhaupt keinen Grund zur Beunruhigung« oder »Die Tragflächen brennen *nicht*«.

So beginnt ein legendärer TV-Sketch des Briten John Cleese, der später mit der Komikertruppe Monty Python bekannt wurde. Cleese spielt darin einen Piloten, der zusammen mit seinem Co-Piloten (Graham Chapman) versucht, die routinierte Eintönigkeit eines Langstreckenfluges zu durchbrechen.

Mit absurden Sicherheitshinweisen scheuchen die beiden ihre Passagiere durch das gesamte Flugzeug und amüsieren sich königlich über das Chaos, das in der Kabine ausbricht. »Bitte entfernen Sie Ihr Gepäck aus den Fächern und platzieren Sie es in den Fächern auf der gegenüberliegenden Seite!«,

»Lösen Sie nicht Ihre Anschnallgurte!«, »Setzen Sie sich auf Ihr Handgepäck!«.

So übertrieben die Komik dieser Pilotensatire ist – manchmal sind tatsächliche Ansagen während eines Fluges kaum weniger irritierend. Da fordern Piloten die Passagiere zum Kehren auf oder erteilen Anweisungen zur Benutzung des Toilettenpapiers. Oder Crewmitglieder geben zu, dass ihnen bei Turbulenzen selbst immer ganz schlecht wird.

Schon mancher Fluggast wird bei solchen Sprüchen vermutet haben, dass gerade jemand mit versteckter Kamera filmt und alles nur ein Witz ist. Trotzdem: Glücklicherweise ist bislang noch kein Fall bekannt, in dem – wie am Ende des Sketches – die Passagiere wegen ein paar Durchsagen in Panik aus dem Flugzeug sprangen. Muss wohl daran liegen, dass Fenster und Notausgänge ziemlich robust gebaut sind.

In diesem Kapitel:

Kippende Kaffeekannen, pichelnde Piloten und flirtfreudige Flugbegleiterinnen

Nachdem wir auf einem Flug von Hamburg nach London gerade zehn Minuten in der Luft waren, stürzte eine Stewardess gut sichtbar für alle Passagiere an ein Fenster und brüllte: »O mein Gott, die Tragfläche!!« Viele Fluggäste schrien, und alle schauten entsetzt auf die völlig intakte Tragfläche, woraufhin die Stewardess in ihr Mikrofon sagte: »Ich wollte das immer schon mal machen. Entschuldigen Sie. Wir werden in Kürze mit dem Servieren der Bordgetränke beginnen.« Auffallend viele Passagiere bestellten alkoholhaltige Getränke.

Felix Schulz, Hamburg

Beim Anflug auf Paris teilte uns der Kapitän mit: »Sehr geehrte Damen und Herren, Sie werden gemerkt haben, dass die Sonne abwechselnd von rechts und von links in die Kabine scheint. Man kann das beim Fliegen auf zwei Arten erreichen: rollen oder kreisen. Heute haben wir uns entschlossen, Kreise zu fliegen.«

Martin Kallenbach, Klaukkala, Finnland

Auf einem Flug von Berlin nach Frankfurt fuhr der Pilot das Fahrwerk mehrmals aus und gleich wieder ein. Nach dem fünften oder sechsten Mal kam dann eine Durchsage aus dem Cockpit: »Meine Damen und Herren, wie Sie sicher bemerkt haben, wurde das Fahrwerk mehrmals aus- und wieder eingefahren. Wir haben drei Kontrollleuchten, von denen eine nicht ausgegangen ist. Jetzt ist sie aus.« Und nach einer Pause fügte er hinzu: »Oder die Lampe ist kaputt.«

Johann Nemetz, Hofheim am Taunus

Auf einem Flug von Köln nach Dresden mit Germanwings im Januar verkündete der Pilot gleich nach dem Start: »Wir haben einen turbulenten Flug vor uns und verzichten auf den Bordservice. Was nutzt Ihnen der Kaffee, wenn wir ihn über Ihre Hose kippen?«

Alexander Brandt, Königswinter

Ich bin vor einem Jahr mit Delta Air Lines nach Atlanta geflogen. Nach einer guten Stunde machte der Steward eine Durchsage, dass in Frankfurt vergessen wurde, Toilettenpapier aufzufüllen. Aus diesem Grunde solle man mit dem verbleibenden Papier sparsam umgehen oder eigene Taschentücher nutzen.

Henning Winter, Kelkheim

Auf einem Flug von Orlando nach Sacramento erklärte uns die Crew, was passieren würde, wenn wir Gepäckstücke vergessen würden: »Wenn Sie irgendetwas an Bord lassen, finden Sie es morgen auf eBay!«

Kay Gregersen

Auf einem Lufthansa-Flug von Berlin nach Zürich teilte uns der Pilot mit, dass die Chefstewardess seit fünf Jahren Single und der Meinung sei, dass alle Männer untreu sind. Dann forderte er: »Da die Maschine voll mit Geschäftsleuten ist, drückt bitte jeder Mann, der nicht dieser Meinung ist, den Serviceknopf über sich.« Das tat ein Großteil der Passagiere, und die Chefstewardess musste unter großem Applaus an jeden Platz gehen und das Licht wieder ausschalten.

Uwe Miroslau, Hamburg

Auf einem Flug von München nach Pisa mit Air Dolomiti war die eine Stewardess sehr freundlich, die andere schaute dagegen sehr missmutig drein. Es schien Zickenkrieg zu herrschen. Dann kam die Durchsage des Kapitäns: »Der Kapitän und die Hälfte der Crew wünschen Ihnen einen guten Flug!«

Klaus Lipinski, Düsseldorf

Vor einigen Jahren auf einem Flug von Budapest nach Berlin hatte eine easyJet-Stewardess sehr gute Laune. Beim Snackverkauf beugte sie sich besonders tief zu den Passagieren herunter und flüsterte: »Haben Sie irgendwelche Gelüste oder sonstige Begierden?«

István Koren, Berlin

Ich bin am Tag der Anschläge auf das World Trade Center von Marokko nach Deutschland geflogen. Weil wir genau zur Zeit der Angriffe im Transferbus saßen, haben wir nichts davon mitbekommen. Im Flugzeug sagte dann plötzlich der Pilot: »Falls wir keine Irren an Bord haben, sind wir in zwei Stunden in München.«

Markus Berger, Augsburg

In einer KLM-Maschine auf dem Flug von Amsterdam nach Bagdad ließen sich die Lehnen einiger Sitze nicht mehr aufrecht stellen. Die Stewardess erklärte dazu: »Ja, das Problem kennen wir. Aber da machen wir jetzt nichts mehr dran, heute ist sowieso der letzte Flug dieser Maschine. Es ist unsere letzte DC-8, und die wird morgen ausgemustert.«

Holger Schweizer, Ditzingen

Kurz nach dem Start einer Maschine der Continental Airlines in San Francisco informierte uns der Kapitän, dass sich über den Rocky Mountains ein ausgedehntes Schlechtwettergebiet befinde, das auf dem Weg nach Houston leider nicht umflogen werden könne: »Aus diesem Grund können wir Ihnen während des Fluges leider keinen Bordservice bieten. Wenn ich es mir allerdings so überlege: Für einen Whiskey oder Wodka pro Passagier haben wir noch Zeit – und Sie werden ihn nötig haben!« Der Flug wurde dann auch die schlimmste Achterbahnfahrt meines Lebens.

Joachim Richter, Düsseldorf

Flugangstgeplagt wie ich bin, ist mir Schlafen im Flieger fremd, und so nutze ich die Zeit – bei Tag und Nacht, Sonnenschein und Nebel –, aus dem Fenster zu schauen oder die Fluginformationen auf dem Bildschirm aufmerksam zu verfolgen. Ich frage mich dann Dinge wie »Sind wir hoch genug oder nicht?« und sehne den rettenden Ankunftsflughafen herbei. In einer sternenklaren Nacht auf einem Flug von Addis Abeba nach Frankfurt im Juni 2007 beobachtete ich mit großem Interesse eine riesige Stadt, die ich als ein Meer an Lichtern unter uns erkennen konnte und die sich kilometerweit entlang unserer Flugrichtung ausdehnte. Da in der alten Lufthansa-Maschine kein Bordunterhaltungssystem und somit keine Positionsanzeige eingebaut war, fragte ich also eine der Flugbegleiterinnen nach dem Namen dieser Stadt. Sie schaute aus dem Fenster, zuckte mit den Schultern und erklärte, sie müsse den Kapitän fragen. Nach einigen Minuten kam die nette Flugbegleiterin zurück und sagte zu mir, dass es ihr leidtue, aber der Kapitän wisse auch nicht, um welche Stadt es sich handelt, da er diese nicht auf der Karte gefunden habe. Darauf ich: »Ist nicht so schlimm, solange der Kapitän Frankfurt findet, ist das schon okay – ach ja, und bitte noch ein Bier!« Bei einem späteren Flug auf der gleichen Route fand ich heraus, dass es sich bei der Stadt um Kairo handelte.

Jürgen Stäudel, Wunsiedel

Auf unserem Lufthansa-Flug von Frankfurt nach Bangalore machte der Erste Offizier kurz nach dem Start folgende Durchsage: »Sehr geehrte Damen und Herren, wir sind mit einer halben Stunde Verspätung in Frankfurt gestartet. Deshalb geben wir jetzt mächtig Gas. Lehnen Sie sich zurück, entspannen Sie sich, denn so schnell werden Sie in einer 747 nie wieder fliegen!«

Jens Hoch, Berlin

Auf einem Flug mit der Airline Niki von Nürnberg nach Wien sprach der Kapitän in Reimen. Anstelle von »Cabin crew, prepare for take-off« sagte er: »Mädels, setzt euch hin, wir fliegen jetzt nach Wien.«

Bernd Lanwer, München

Lufthansa-Flug am 31. März 2006 von Moskau nach Hamburg. Durch eine Startverzögerung landete die Maschine mit Sondergenehmigung erst nach 24 Uhr, also am 1. April. Diesen Anlass nutzte eine Stewardess zu folgender Ansage: »Sehr geehrte Damen und Herren, herzlich willkommen in Hamburg-Fuhlsbüttel. Bevor unsere Maschine am Terminal angekommen ist und die Anschnallzeichen erloschen sind, möchten wir Sie kurz um Ihre Aufmerksamkeit bitten: Wie Sie sicherlich den Medien entnommen haben, bietet Lufthansa seit kurzem ein besonderes Programm für günstige Flüge innerhalb Europas an. Um Ihnen dieses Angebot unterbreiten zu können, ist die Lufthansa auf Ihre Mithilfe angewiesen. Wir bitten Sie daher, die gelesenen Zeitungen und Zeitschriften aufzuheben und in den Altpapierbehältern im Flughafengebäude zu entsorgen.

Darüber hinaus möchten wir alle Passagiere beim Verlassen des Flugzeugs bitten, ihre Sitzgurte ordentlich über Kreuz zu legen, so wie Sie diese beim Einsteigen vorgefunden haben. Die Passagiere der letzten Reihe bitten wir, mit den bereitgestellten Besen das Flugzeug von hinten nach vorne zügig durchzukehren. Den Passagier, der die Maschine als Letzter verlässt, bitten wir, den Zündschlüssel abzuziehen und diesen im Hamburger Stadtbüro von Lufthansa in den dafür vorgesehenen Briefkasten einzuwerfen. Ich wünsche Ihnen allen eine gute Nacht und einen schönen 1. April.« Zumindest bis zu den Besen hatten die meisten Gäste die Ansage ernst genommen. Die Dame hatte Sinn für Humor.

Andreas Nendza, Moskau, Russland

Vor etwa 20 Jahren, Flug von Frankfurt am Main nach Barcelona. Nach dem Start begann die Ausgabe von Getränken. Mein Kollege und ich saßen ganz vorn, direkt hinter der geöffneten Cockpittür. Anscheinend hatten Pilot und Co-Pilot einen Grund zum Feiern. Der Steward schenkte beiden einen (echten) Whiskey ein. Es wurde sich zugeprostet, auf ex getrunken und gelacht. Anschließend wurden dann die Passagiere bedient. Diesen »Spaß« habe ich bis heute nicht vergessen.

Mike Neun, Erlangen

Auf einem Flug mit einer kleinen OLT-Maschine (Ostfriesische Lufttransport GmbH) von Köln nach Bremen war ich der einzige Passagier. Nach etwa 30 Minuten in der Luft drehte sich der Pilot zu mir um und fragte: »Steigen Sie in Bremen oder Kopenhagen aus?«

Michael Schlösser, Köln

Auf einer Reise mit United Airlines von Seattle nach Portland: Es war ein stürmischer Dezembertag, und mir wurde etwas flau, als ich sah, dass wir in einer winzigen Propellermaschine fliegen sollten. Die Stewardess tat ihr Übriges, um unsere Nerven in Spannung zu versetzen. »Sehr geehrte Passagiere, dies wird ein recht unerfreulicher Flug. Auf dem Weg hierher mussten wir dreimal anfliegen, bis wir endlich landen konnten. Mir ist also schon ganz schlecht!« Der Flug war denn auch furchtbar holprig, und die Tatsache, dass besagte Stewardess sich in ein angeregtes Gespräch über harte Landungen, Beinahe-Katastrophen und den 11. September mit einem Passagier an unserer Seite vertiefte, trug nicht gerade dazu bei, dass ich den Flug genoss.

Sandra Hoffmann, Seattle, USA

Am 11. September 2001 konnten wir vor dem Start unseres Lufthansa-Fluges von Hamburg nach Düsseldorf am Gate die Bilder der einstürzenden Türme im Fernsehen verfolgen. Viele Passagiere hatten sich schon entschlossen, nicht mehr in die Maschine zu steigen. Als unser Flug dann losging, meldete sich der Pilot: »Hier spricht Ihr Kapitän. So wahr uns Gott beisteht, versuche ich, Sie jetzt nach Düsseldorf zu bringen.«

Torsten Appel, Hamburg

Ich kann mich noch sehr gut an meinen ersten Flug mit Pulkovo Aviation von Berlin nach St. Petersburg erinnern. Die Ansage einer Stewardess hat ihn mir unvergesslich gemacht. Mitten auf dem Flug ging ein Ruck durch die Maschine. Ich hätte mir wahrscheinlich nichts dabei gedacht. Dann aber kam die Durchsage: »Sehr geehrte Damen und Herren! Es gibt keinen Grund zur Beunruhigung, unsere Piloten sind so ausgebildet, dass sie die Maschine sogar im Flug reparieren können! Wir wünschen Ihnen weiterhin eine gute Reise!« Es ist nichts weiter passiert, und wir landeten wohlbehalten in St. Petersburg.

Anja Köhler, Potsdam

Auf einem Flug mit British Airways von Belfast nach London machte der Pilot diese Durchsage: »Meine Damen und Herren, dies ist mein erster Flug«, und erst nach einer längeren Pause beendete er den Satz mit »von Belfast heute«. Als die Leute in der Kabine aufgeatmet hatten, fügte er hinzu: »Die Passagiere auf der linken Seite können die Lichter einer großen Stadt unter uns sehen. Wir denken, das könnte Liverpool sein, aber wir müssen das noch auf unseren Karten überprüfen.« So ging es den ganzen Flug weiter – der lustigste Flug, den ich je erlebt habe!

Clive Nunn, Reading, Großbritannien

Nachdem wir auf einem Lufthansa-Flug von München nach Berlin die Reiseflughöhe erreicht hatten, meldete sich der Kapitän: »Sehr geehrte Damen und Herren, wie Sie sehen, ist unser Flug nach Berlin heute Abend nicht besonders voll. Sie haben daher die freie Sitzwahl. Wir bitten Sie, einen Fensterplatz einzunehmen, damit die Konkurrenz denkt, wir wären ausgebucht.«

Claus-Henning Cappell, Heidelberg

Auf einem Flug aus der Dominikanischen Republik nach Frankfurt meldete sich plötzlich der Kapitän: »Liebe Passagiere, in Kürze fliegen wir über das Bermuda-Dreieck, es könnte etwas unangenehm werden.« Nach einer kurzen Pause fügte er hinzu: »Wir möchten uns jetzt schon von Ihnen verabschieden und wünschen Ihnen noch eine schöne restliche Flugzeit!« Gemeint war zwar die Nachtpause, aber angenehm waren diese Worte nicht.

István Koren, Berlin

Bei einem Flug von Düsseldorf nach Monastir mit Tunisair fielen kurz nach dem Start des neuen Airbus die Klimaanlage und das Licht aus. Die Maschine wackelte heftig, und der Pilot vollführte ungewöhnliche Manöver. Plötzlich flog die Cockpittür auf, und eine Stewardess rannte nach hinten, während sie für alle sichtbar mit dem Daumen nach unten zeigte.

Dann meldete sich der Pilot über die Lautsprecher in gebrochenem Deutsch: »Damen und Herre – habe wir kleine technische Prrrobläm und werde in Düsseldorf notlande!« Nach dem Landeanflug ohne Touchdown startete der Pilot aber durch und sagte: »Habe wir kleine technische Prrrobläm behoben und werden in Monastir landen!«

Was passiert war, weiß ich bis heute nicht – es gab keine weiteren Durchsagen.

Elmar Brunsch, Gronau

Kurz nach dem Start unserer Air-Berlin-Maschine von Scharm el-Scheich nach Frankfurt kam über die Lautsprecheranlage die Frage, ob ein Arzt an Bord sei. Da hob weit über die Hälfte der Passagiere den Arm – sie alle waren Mediziner auf dem Rückflug von einem Ärztekongress in Ägypten. Der erkrankten Passagierin ging es dank der (Über-)Versorgung gleich viel besser.

Uwe Hofmann, Hamburg

Folgendes habe ich auf einem – zugegebenermaßen äußerst günstigen – Charterflug von Wien nach Alaska erlebt: Nach dem Steigflug fiel uns auf, dass auf der Toilette das Licht ausgefallen war. Nachdem ich das der etwas älteren Stewardess gemeldet hatte, war sofort ein kleiner, noch etwas älterer Mann im Blaumann unterwegs, um den Schaden zu beheben. Dann begann an einigen Stellen im Flugzeug Wasser von der Decke zu tropfen. Der Techniker war wieder zur Stelle, diesmal mit einer Leiter. Nur die Klimaanlage, keine Sorge! Schließlich fielen im gesamten Mittelgang Licht, Strom und die Bordunterhaltung aus. Langsam begannen wir uns Sorgen zu machen und meldeten auch dies der Stewardess. Die charmante Antwort war: »Why do you worry? The engines are still running!« (»Warum machen Sie sich Sorgen? Die Triebwerke laufen doch noch!«)

Patrick Auer, Wien, Österreich

 # INFOBOX: Was sind die häufigsten medizinischen Notfälle in Flugzeugen?

Eine Erhebung der Ruhr-Universität Bochum ergab, dass Ohnmachtsanfälle mit Abstand die häufigsten medizinischen Zwischenfälle an Bord sind. Allerdings konnten die Forscher nur zwei europäische Fluglinien für ihre Studie gewinnen. Sie werteten über 10 000 medizinische Notfälle aus der Zeit von 2002 bis 2007 aus. 53 Prozent davon waren Ohnmachtsanfälle, dahinter folgten Magen-Darm-Beschwerden mit neun sowie Herzattacken mit fünf Prozent.

Überraschend selten sind dagegen Thrombosen: In der Studie machten sie weniger als 0,5 Prozent der Fälle an Bord aus. Wie das »Deutsche Ärzteblatt« berichtet, kommt es allein bei Lufthansa 50-mal im Jahr vor, dass sich ein Pilot wegen eines medizinischen Notfalls für eine Rückkehr oder einen Zwischenstopp entscheidet.

Die Flugbegleiter haben zwar Erste-Hilfe-Kenntnisse, meistens bekommen sie jedoch Unterstützung aus der Kabine: Nach Angaben der Lufthansa befand sich im Jahr 2008 bei 82 Prozent der Zwischenfälle ein Arzt unter den Passagieren.

Kapitel 7

Schlechtes Wetter: »Wir sind soeben in Bremen gewassert«

»Sind Sie weit geflogen?«, fragte der Knecht im Frühjahr 1932 auf einer nordirischen Weide neugierig. »Von Amerika«, antwortete Amelia Earhart direkt nach ihrer Landung mit einer Lockheed Vega 5B bei Derry. Gerade hatte die mutige Frau als erste Pilotin der Welt den Atlantik überquert. Ihre Leistung wurde in keiner Weise dadurch geschmälert, dass sie ihr Ziel eigentlich um 900 Kilometer verfehlte: Geplant hatte die 34-Jährige eine Landung in Paris. Starker Wind und eisiges Wetter brachten die Amerikanerin an den Rand der irischen Insel.

Auch eine andere Rekordpilotin wurde durch die Unbill des Wetters immer wieder aufgehalten: Amy Johnson gelang 1930 zwar als erster Frau ein Soloflug von England nach Australien. Die Reise im offenen Cockpit geriet allerdings für die als »fliegende Sekretärin« bekannte Britin zum lebensgefährlichen Abenteuer und dauerte mit fast 20 Tagen länger als erhofft.

Im dichten Nebel musste sich die 26-jährige Johnson einen Weg an den Gipfeln des Taurusgebirges vorbei suchen – für einen Flug über das mehr als 4000 Meter hohe Massiv in der Türkei war ihre einmotorige de Havilland Gypsy Moth zu schwer beladen. Schon am nächsten Tag zwang sie ein Sandsturm zur Landung in der Wüste vor Bagdad. Im südostasiatischen Rangun machte ihre Propellermaschine einen Kopfstand auf einer regennassen Landebahn – und nach einer Notlandung auf Java musste sie den Stoff der Tragflächen, die durch einen Sturm beschädigt worden waren, mit Klebestreifen ausbessern.

Abenteuergeist, Wagemut und Improvisationstalent halfen den beiden Frauen auf ihren Rekordflügen – Eigenschaften, die bald 80 Jahre nach ihren Heldentaten in der Luftfahrt selten gefragt sind. Dank Autopilot, Wetterradar und der Unterstützung von Bodenstationen lassen sich heutige Piloten nicht mehr »verwehen« wie Earhart. Und sie finden ihren Weg mittels Funknavigation und sind nicht mehr wie Amy Johnson auf zusammengesuchte Landkarten angewiesen. »Ich musste nehmen, was ich kriegen konnte – manche waren gut, manche schlecht«, schrieb sie nach ihrem Rekordflug. Das Papier wurde in Streifen geschnitten und aufgerollt, »so dass ich sie nach und nach entrollen konnte«.

Dennoch: Trotz aller technischen Hilfen bringen extreme Wetterlagen auch heute noch ausgeklügelte Flugpläne durcheinander. Während Blitz und Donner vorwiegend im Hochsommer für Verspätungen sorgen, stürzen Schnee und Eis Flughäfen regelmäßig ins Chaos – auch im durchaus Kälte gewohnten Deutschland.

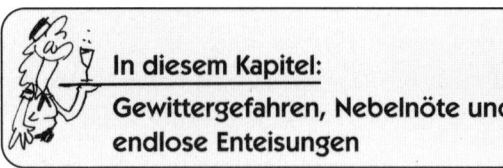

In diesem Kapitel:
Gewittergefahren, Nebelnöte und endlose Enteisungen

Unser Abendflug von Berlin nach München hatte sich wegen extrem starken Schneefalls erheblich verzögert. Als wir endlich in der Maschine saßen, mussten wir zur Enteisungsanlage rollen, vor der wir wiederum eine Weile warten mussten. Die Besatzung teilte uns mit, dass der Räumdienst alle Hände voll zu tun habe und dass es in München noch schlechter aussehe. Wir müssten hier zunächst auf ein Startfenster warten, was noch dauern könne.

Nach der Enteisung teilte uns der Pilot dann trocken mit, dass er zwar immer noch auf eine Freigabe warte, aber auch kein ausdrückliches Startverbot bekommen habe. »Wir mogeln uns jetzt einfach mal raus, und wenn wir erst mal in München sind, müssen sie uns auch runterlassen.« Gesagt – getan! Und wir landeten sicher im verschneiten München.

Siegfried Heiland, München

Während des Orkans »Kyrill« waren wir auf dem Weg von Berlin nach Düsseldorf, die Maschine war voll mit Vielfliegern. Kurz vor dem Landeanflug kam dann die Durchsage: »Wir müssen hier ein bisschen kreisen, Düsseldorf meldet extreme Windböen, momentan ist der Flughafen geschlossen. Wir haben noch Sprit für 15 Minuten.« Wie auf Kommando schaute jeder auf seine Uhr. Kurz vor Ablauf der 15 Minuten ist der Pilot halsbrecherisch, aber gekonnt gelandet. Für die fliegerische Leistung ein Kompliment, aus psychologischer Sicht wäre aber eine Nachschulung empfehlenswert.

Gerd Steinrücke, Düsseldorf

Im Landeanflug auf Mallorca flogen wir in dunkler Nacht und vollständigem Nebel, als die Maschine einen kurzen Ruck machte. Sofort fingen fast alle Passagiere an zu klatschen, weil sie dachten, wir seien gelandet. Dann kam aber die Durchsage des Kapitäns: »Vielen Dank für Ihren Beifall. Aber es ist relativ normal, dass wir vor der Landung das Fahrgestell ausfahren.«

Dirk Jung, Berlin

Am ersten Weihnachtstag 2006 wollte ich mit Air Canada von Boston nach Halifax fliegen. Alle anderen Flüge nach Halifax waren gestrichen worden – nur dieser nicht. Zunächst sah es wie Glück aus. Doch dann stellte sich heraus, dass der besonders wagemutige Pilot einfach nur zu Weihnachten zu Hause sein wollte. Direkt nach dem Start gab er bekannt, dass Halifax in dichtem Nebel liege, er jedoch zuversichtlich sei, dass sich der Nebel bis zu unserer Ankunft aufgelöst haben würde.

Nach zwei Stunden Flug meldete sich der Pilot wieder: »Wir sind nun über Halifax, und ich habe eine gute und eine schlechte Nachricht: Die schlechte ist, dass der Nebel sich noch nicht aufgelöst hat. Die gute ist, dass wir noch reichlich Sprit haben, um ein bisschen zu kreisen.« Nach einer Stunde meldete er sich erneut: »Diesmal habe ich zwei schlechte Nachrichten. Erstens: Der Nebel ist noch immer da. Zweitens: Wir haben nun auch keinen Sprit mehr und müssen sehen, wie wir runterkommen.« Zum Glück hat alles gut geklappt.

Holger Bauer, Hamburg

Mein Lieblingsspruch auf einem sehr turbulenten Flug um ein Gewitter herum war folgender: »Hier spricht der Kapitän. Ich wurde gerade gefragt, wie weit unsere Tragflächen ausschlagen. Im Moment sind es 2,50 Meter. Bei 2,70 Meter reißt die erste Niete. Und wir haben 10 000 Nieten an Bord.«

Volker Rapp, Erkrath

Bevor wir unsere Maschine der Edelweiss Air am Flughafen von Cancún besteigen konnten, tobte ein starkes Gewitter. An den benachbarten Gates warteten auch die Passagiere von LTU und Condor auf ihre Flüge. Nach einer Weile kamen dann nacheinander die Durchsagen der jeweiligen Crews, dass der Start wegen des Unwetters auf unbestimmte Zeit verschoben werde. Fünf Minuten später meldete sich auch unser Pilot und sagte im Züricher Dialekt: »Meine Damen und Herren, Sie haben die Durchsagen meiner deutschen Kollegen gehört. Nach reiflichem Überlegen haben wir uns entschieden: Wir probieren's mal – so schlimm wird es schon nicht sein.« Das war es dann auch nicht.

Robin Egeter, Buchs, Schweiz

Bei einem Flug nach München konnten wir wegen eines schweren Gewitters nicht landen und mussten fast eine Stunde über der Stadt kreisen – was dank der starken Böen dem Gefühl einer Achterbahnfahrt sehr nahekam. Als wir schließlich unsanft gelandet waren, kam die Durchsage einer gutgelaunten Stewardess: »Ich habe eine gute Nachricht für alle Sparfüchse unter Ihnen: Sie sind heute zum normalen Flugpreis mehr als die doppelte Strecke geflogen!«

Dirk Thiesmann, München

Auf dem Rückflug von Antalya nach Innsbruck tobte kurz vor dem Ziel ein Gewitter. Es war schon recht dunkel, und durch die Fenster war außer den Blitzen nichts zu erkennen. Die Maschine drehte bereits zur Landung ein, und das Fahrwerk war schon ausgefahren. Der Pilot informierte uns, dass er wegen des Unwetters eine etwas harte Landung erwarte und sich dafür schon im Voraus entschuldigen wolle.

Ein paar Sekunden später hörten wir plötzlich vom Cockpit: »Sch…, was macht der Berg auf der Landebahn!« Die Maschine wurde mit brachialer Gewalt vom Piloten nach rechts gerissen. Unter den Passagieren brach regelrecht Panik aus, und alle möglichen Gegenstände flogen durch das Flugzeug. Beim zweiten Versuch setzte die Maschine sehr schräg auf der Landebahn auf und ruckte nochmals heftig hin und her. Der Pilot entschuldigte sich und begründete den Zwischenfall mit einem technischen Defekt im Flugzeug, durch den er auf Sicht landen musste – welche Sicht?

Achim Mantel, München

Anflug auf Düsseldorf im Nebel. Die Lufthansa-Maschine setzte zur Landung an. Draußen war nur dichter grauer Brei. Plötzlich heulten die Turbinen auf, die Maschine nahm die Nase nach oben und startete durch. Dann kam die Ansage aus dem Cockpit: »Meine Damen und Herren, Sie haben gesehen, was ich gesehen habe: Nichts. Deshalb bin ich durchgestartet. Danke.«

Lutz Beukert, Norderstedt

Vor einigen Jahren auf einem Winterflug ins wie üblich völlig vernebelte Cork in Irland hat der Pilot angesagt: »Well, folks, you know the procedure. I am now trying my very best to find the airport.« (»Tja, Leute, ihr kennt das. Ich werde jetzt mein Bestes geben, um den Flughafen zu finden.«) Das hat er dann auch getan. An Bord waren fast nur Iren, und die irische Fluglinie litt noch nicht unter Geldproblemen. Deswegen waren schon auf dem Flug viele kleine Fläschchen mit Schnaps ausgeteilt worden. Insofern hielt sich die Aufregung in Grenzen.

Dr. Michael Hassler, Frankfurt

Bei einem Flug durch Schneetreiben von München nach Hamburg hatten wir bereits in Hamburg aufgesetzt, als der Pilot plötzlich hart durchstartete. Lange herrschte Stille, erst nach einer Kurve über die Elbe erklärte ein Crew-Mitglied: »Der Fluglotse und der Kapitän waren sich nicht recht einig darüber, ob die Landebahn reichen würde. Der Kapitän hat beschlossen, es nicht zu testen.«

Christian Sue, Lübeck

Beim Landeanflug mit einer TAP-Maschine über Madeira, einem der gefährlichsten Flughäfen Europas, saß ein Steward neben mir. Wohl wegen des steilen Anfluges und da es stürmisch war, begann er ein Ave-Maria zu beten.

Eva Börgens, Bonn

Nach der Landung in Frankfurt im Winter bei Schnee und Eis mussten wir mit laufenden Triebwerken auf ein freies Gate warten und sogar zurück auf unsere alte Warteposition rollen, um einem anderen Flugzeug Platz zu machen. Der Pilot sagte daraufhin durch: »Meine Damen und Herren, Sie fragen sich wahrscheinlich gerade, was wir hier machen. Ich kann Sie beruhigen, wir fragen uns das hier auch gerade!«

Dirk Beerbohm, Friedrichsdorf

Flug von Hamburg nach Stuttgart bei Schnee und Eis in einem nagelneuen Flieger. Vor dem Start kam die erste Durchsage des Piloten: »Wie Sie bestimmt bemerkt haben, sitzen Sie in einer neuen Maschine – es wird ihr Jungfernflug sein. Aber keine Sorge, sie ist bereits von Hamburg-Finkenwerder nach Hamburg-Fuhlsbüttel geflogen worden und war damit wenigstens schon mal in der Luft.«

Der Start verzögerte sich aufgrund des Eisregens, und wir mussten auf die Enteisung warten. Nach gefühlten zwei Stunden ließ der Pilot endlich die Turbinen an. In dem Moment schoss ein stinkender Qualm durch die Lüftungsschlitze, und man konnte kaum noch etwas sehen. Nachdem ein panischer Steward ins Cockpit gestürmt war, kam die zweite Durchsage des Piloten: »Meine Damen und Herren, das, was Sie sehen und riechen, ist die Enteisungsflüssigkeit. Dass sie nicht so gut riecht, ist normal. Dass sie allerdings ins Innere des Flugzeugs gelangt, ist nicht normal. Ach, egal, wir starten jetzt einfach.«

Simone Diekmann, Hamburg

Nächtlicher Anflug auf Bilbao, etwa vor zehn Jahren: Das Wetter war sehr schlecht, mit Regen und dichtem Nebel. Wir sackten von einem Luftloch zum nächsten, dann startete das Flugzeug plötzlich durch und flog eine steile Linkskurve. Die beiden Flugbegleiterinnen mir gegenüber waren sichtlich geschockt. Der Flug wurde nach San Sebastian umgeleitet. Wir erfuhren, dass wir die Landebahn verpasst hatten und der Steilflug wegen der nahen Hügelkette erforderlich war. Immer noch kreidebleich, versicherte mir eine der Flugbegleiterinnen, dass sie sich jetzt nach einer anderen Fluglinie umsehen werde, denn das sei schon mal vorgekommen. Die nächsten zwei Jahre litt ich während jeden Fluges unter Panikattacken.

Margit Thiemann, Regensburg

Bei heftigem Regen nach einer Landung: »Wir sind soeben in Bremen gewassert.«

Frank Weisel, Eichenau

Bei einem Ryanair-Flug von Frankfurt-Hahn zum Flughafen Balaton am ungarischen Plattensee, der zu der Zeit noch nicht mit einem Instrumentenlandesystem ausgestattet war, gab es ausgerechnet über dem Flughafen dichten Nebel. Nachdem wir eine halbe Stunde Warteschleifen geflogen waren, machte der Pilot folgende Durchsage: »Meine Damen und Herren, versuchen Sie sich zu entspannen, während ich versuche zu landen.« Nach drei erfolglosen Versuchen, die Landebahn zu finden, sind wir dann mangels Treibstoff zum nächsten größeren Flughafen ausgewichen.

Ulrich Fink, Oberursel

Bei einem Flug von Vancouver nach Terrace im kanadischen British Columbia mit einer kleinen zweimotorigen Maschine meldete der Pilot kurz vor der Landung, dass er den Flugplatz wegen des schlechten Wetters nicht sehen könne, und fügte dann hinzu: »But I will try it!« Als wir im Sinkflug durch den Nebel stießen, waren plötzlich – und ziemlich nah – nur Bäume zu sehen, und der Pilot riss die Maschine hoch. Nach drei weiteren Versuchen erklärte er: »Sorry, I can't find the runway!« (»Entschuldigung, ich kann die Landebahn nicht finden!«), und wir wurden nach Prince Rupert umgeleitet. Während die Landeversuche für meine Mutter, die Flug-angst hat, schrecklich waren, blieben alle anderen Passagiere sehr ruhig – sie waren diese Art der Fliegerei wohl schon ge-wöhnt.

Bernd Müller, Heilbronn

Auf einem Flug mit British Airways von Manchester nach Lon-don-Heathrow, das in Nebel gehüllt war, kam diese Durchsage des Piloten: »Visibility is 120 yards only. But don't worry, this aircraft is equipped to land at 100 yards. So we have 20 yards extra!« (»Die Sicht beträgt nur 109 Meter. Aber keine Sorge, dieses Flugzeug kann bei einer Sichtweite von 91 Metern lan-den. Wir haben also 18 Meter Spielraum!«)

Armin Vonach, Gaissau, Österreich

Als wir auf dem Moskauer Flughafen Scheremetjewo-2 gerade auf dem Weg zur Startbahn waren, wurden die Motoren plötz-lich wieder abgestellt. In einer Durchsage wurde mitgeteilt, dass der Flughafen wegen eines Gewitters gesperrt sei und wir warten müssten. Als das Gewitter vorbei war, tat sich nichts. Bis der Kapitän sich meldete: »Wie Sie gemerkt haben, scheint die Sonne, und wir könnten jetzt starten, aber in der Bodenkontrolle wird zurzeit nur Russisch gesprochen.« Einige Zeit später meldete er dann: »Ich habe eine gute und eine schlechte Nachricht. Die gute: Die Bodenkontrolle spricht wieder Englisch. Die schlechte: Sie hat uns eben mitgeteilt, dass das Gewitter zurückkommt und der Flughafen nun wieder gesperrt ist.«

Martin Heilmann, Siegen

Flug nach München mit einer amerikanischen Airline: Wir setzten im extrem dichten Nebel zur Landung an, plötzlich startete die Maschine heulend wieder durch und schoss steil nach oben. Der Pilot erklärte ruhig: »Sorry, we missed the runway.« (»Sorry, wir haben die Landebahn verfehlt.«) Die Stewardess hat das allerdings so ins Deutsche übersetzt: »Wir haben keine Landeerlaubnis erhalten.«

Stefanie Hildebrandt, Neu-Isenburg

Mein persönliches Flug-Highlight fand beim Landeanflug mit einer Boeing 737 auf den Flughafen von Liverpool statt: Gewitter mit grässlichen Turbulenzen und ganz erheblichen Seitenwinden aus allen Richtungen zwangen den Piloten zu einem akrobatischen Flugmanöver. Die Landebahn war mal links und mal rechts aus den Fenstern zu sehen, ständig ging es auf und ab und hin und her. Am Ende folgte dann eine superharte Landung – als wären wir aus 20 Meter Höhe einfach nach unten geplumpst. Die Maschine kam so schräg daher, dass erst die rechte Seite aufsetzte und nach einem gewaltigen Satz das linke Fahrwerk.

Nicht nur ich, sondern auch die anderen Passagiere sahen

recht blass, aber offensichtlich erleichtert aus, als wir von der Landepiste in Richtung Gate rollten. Unser Kapitän, begeistert von seiner Aktion, verabschiedete sich mit den unvergesslichen Worten: »Bei schönem Wetter kann ja jeder landen!« Der Flughafen wurde danach vorläufig gesperrt, andere Flüge wurden umgeleitet.

Ludwig Mayer, Aitrach

Landung am Flughafen Dresden an einem windigen und regnerischen Tag: Beim Aufsetzen wurde der Turboprop-Flieger der Lufthansa von einer Windböe erfasst, so dass das Heck der Maschine seitlich stark ausschlug und die Passagiere aufschrien. Dann kam die Ansage aus dem Cockpit: »Liebe Fluggäste, willkommen auf dem Flughafen Dresden. Wir hoffen, Sie dort hinten empfanden die Landung genauso spannend und abwechslungsreich wie wir hier vorne im Cockpit.«

Christian Deußen, Düsseldorf

Nach einer sehr stürmischen Landung während des Orkans »Kyrill« in Hamburg – wir hatten drei Versuche gebraucht, um überhaupt zu landen – meldete sich der Pilot: »Meine Damen und Herren, das war jetzt mal was für richtige Männer!«

Thomas Dorn, Hamburg

Auf einem Flug mit einer Eurowings-Propellermaschine von Hamburg nach Nürnberg wurden wir zu einem Spielball der Elemente. Ich saß direkt hinter einer circa 75-jährigen Dame, die sich die gute Laune nicht von Wetter und Gewackel verderben ließ. Es regnete in Strömen, und ein heftiger Wind ließ uns teilweise mehr quer als geradeaus fliegen. Dennoch brachte uns der Pilot in Nürnberg irgendwie auf den Boden, wenn auch extrem unsanft. Beim Aussteigen verabschiedete sich der blasse Kapitän von jedem Passagier. Die Dame vor mir klopfte ihm auf die Schulter und meinte: »Junger Mann, sind wir abgeschossen worden oder landet man heutzutage so?« Dann lachte sie schallend und sagte dem verblüfften Piloten: »Hamse trotzdem gut gemacht!«

Ingo Horn, Köln

Beim Start des Fluges von Miami nach San José in Costa Rica meldete der Pilot: »Aufgrund von schlechtem Wetter in der Karibik kann der Flug etwas ruckelig werden. Meine Frau hat mir heute Morgen gesagt, ich solle lieber nicht losfliegen!« Wir sind zum Glück ohne Probleme angekommen.

Jörg Planitzer, Zwickau

Auf dem Münchner Flughafen standen noch drei Maschinen vor uns in der Warteschlange auf der Startbahn. Alle mussten eine Schlechtwetterfront abwarten. Als sich nach einer halben Stunde der Himmel wieder aufklarte, startete als Erste die Alitalia-Maschine. Nach ein paar Minuten meldete sich unser Pilot: »Eigentlich hätte jetzt der Kollege in der Lufthansa-Maschine ganz vorn als Erster starten dürfen. Aber wir haben der Alitalia-Maschine den Vortritt gelassen, um zu schauen, ob die das schaffen und das schlechte Wetter wirklich schon weg ist. Aber es scheint ja zu passen, die sind bereits zehn Minuten in der Luft.«

Gordon Alter, Erlangen

Rückflug von den Kanaren nach Düsseldorf mit Hapag-Lloyd-Express an einem stürmischen Februartag: Der Flieger ächzte und schaukelte im Landeanflug, die Piloten hatten wohl alle Hände voll zu tun. In der Kabine herrschte angstvolle Stille. Dann endlich der »Rums«, wir waren heil unten. Wie auf Charterflügen üblich, brandete Beifall auf, diesmal besonders laut. Dann kam die Durchsage aus dem Cockpit: »Vielen Dank für Ihren Applaus, den wir im Cockpit gerne gehört haben. Bitte haben Sie Verständnis dafür, dass wir Ihnen unter den heutigen Bedingungen keine Zugabe geben möchten.«

Peter Drabert, Emden

Auf einem Swissair-Flug von Zürich nach Boston flog der Pilot den Landeanflug offensichtlich manuell. Immer wieder gab er Schub, und wir näherten uns schlingernd der Landebahn. Draußen stürmte es. Die Maschine schaukelte hin und her und auf und ab – nicht gerade angenehm. Als wir in etwa zehn Meter Höhe über der Landebahn waren, drückte uns der Wind nach unten. Es klang, als würde das Fahrwerk gleich durch den Kabinenboden stoßen. Nach dem Ausrollen kam dann die Entschuldigung des Kapitäns: »Ladies and gentlemen, we apologize for the rather hard landing. It seems Logan Airport has decided to lift the runway by about ten meters since I last landed here.« (»Meine Damen und Herren, wir entschuldigen uns für die harte Landung. Es scheint, als habe der Logan-Flughafen entschieden, die Landebahn etwa zehn Meter höher zu legen, seit ich das letzte Mal hier gelandet bin.«)

Lars P. Reichelt, Herrliberg, Schweiz

Beim Anflug auf Chicagos Flughafen O'Hare herrschte schlechtes Wetter mit dicken Gewitterwolken. Kurz bevor das Flugzeug in die Wolken eintauchte, kam die Ansage aus dem Cockpit: »Cabin Crew, 15 seconds 'til impact!« (»Kabinenbesatzung, 15 Sekunden bis zum Einschlag!«)

Hans-Joachim Fabry, Berlin

Beim Landeanflug meines Fluges von Mexiko-Stadt nach Villahermosa im Bundesstaat Tabasco war es bereits dunkel, und es herrschte dichter Nebel. Als ich kurz vor dem erwarteten Aufsetzen aus dem Fenster schaute, sah ich einen Acker statt einer Landebahn. Das bemerkte anscheinend auch der Kapitän, denn er riss die Maschine blitzschnell hoch. Wieder in sicherer Höhe vermeldete er dann: »Entschuldigung, ich habe die Landebahn nicht gefunden. Ich versuch's noch mal.« Was folgte, war die längste Viertelstunde meines Lebens.

Andreas Morsch, Genf

Beim zweiten Landeversuch in Frankfurt bei Frost und Nebel sagte der Pilot: »Bitte denken Sie bei Ihrer Heimreise daran, wie unsicher Verkehrsmittel wie Auto, Bus und Bahn sind.«

Eckbert Dollhofer, Wiesbaden

INFOBOX: Wo ist der sicherste Platz im Flugzeug?

Entgegen aller Vorstellungen ist die Chance, ein lebensbedrohliches Flugzeugunglück zu überleben, recht hoch, immerhin über 70 Prozent. Ob man dabei allerdings vorn oder hinten im Flugzeug sitzt, spielt statistisch keine Rolle – es kommt immer auf die Art des Crashs an. Den einen sichersten Sitz gibt es nicht, da sind sich die Experten einig. Allerdings ergab eine Auswertung von tödlichen Flugzeugunfällen an der Londoner University of Greenwich, dass diejenigen, die nicht mehr als fünf Sitzreihen von einem im Notfall benutzbaren Ausgang entfernt saßen, eine etwas höhere Überlebenschance hatten. Auch wer am Gang statt am Fenster saß, hatte etwas bessere Aussichten – einfach weil der Weg zum Ausgang schneller zurückzulegen ist und etwa bei Feuer an Bord jede Sekunde zählt.

Kapitel 8

Blödeleien über den Wolken: »Tinky Winky und Laa-Laa bitte ins Cockpit«

In den Crews der meisten Fluggesellschaften gibt es eine Tradition, die den wenigsten Passagieren bekannt ist: dass neue Flugbegleiter und Flugbegleiterinnen auf ihrem Erstflug zum Opfer derber Späße werden.

Einer der Klassiker geht so: Der nervöse Neuling, eifrig darauf bedacht, bloß keinen Fehler zu machen, bekommt eine Warnweste und einen kleinen Feuerlöscher in die Hand. »Dann erteilt der Purser ihm den Auftrag, damit die Betankung der Maschine zu überwachen«, erzählt der Flugbegleiter einer großen deutschen Airline.

Für ebenfalls große Erheiterung beim Rest der Crew sorge die Ansage, dass leider nicht genug Plastikbecher mitgenommen wurden und deshalb nun gespült werden müsse. »Erst wenn der Neuzugang fast fertig ist, öffnet ein anderer eine Schublade und sagt: ›Ups, da sind sie ja!‹« Eine ähnlich sinnlose Beschäftigungstherapie ist die Bitte, doch kurz bei sämtlichen Tabletts zu überprüfen, ob das Besteck vorhanden ist – bei einer vollbesetzten Boeing 747 ein durchaus zeitraubender Vorgang.

Im Internetforum www.airlinecrew.net zählen Crew-Mitglieder weitere Varianten der Flugbegleiter-Feuertaufe auf. Hier ein paar Highlights:

Ein Pilot füllte eine Spucktüte mit warmer Gemüsesuppe und bat die neue Stewardess, sein Erbrochenes zu entsorgen. Als die zum Mülleimer eilte, fing sie ein Kollege ab, nahm ihr den warmen Papierbeutel ab und begann, den Inhalt zu essen. »Man wirft doch keine Mahlzeit weg«, sagte er laut Forumseintrag – die arme Frau habe daraufhin selbst eine Tüte gebraucht.

Erfreulicher schien die Premiere für eine neue Stewardess der inzwischen eingestellten US-Fluglinie Tower Air zu laufen: Vor einem Inlandsflug von New York nach San Francisco informierte sie ihr Vorgesetzter, dass es eine Änderung im Dienstplan gebe. Die ganze Crew müsse nach diesem Flug nach Hawaii weiterreisen, wo sie einen dreitägigen Aufenthalt hätten. Anschließend seien sie für einen Flug ins japanische Inselparadies Okinawa eingeteilt, wo sie mindestens fünf Tage Zeit bis zum nächsten Arbeitseinsatz hätten. Strahlend lief die Debütantin durchs Flugzeug und erzählte allen Kolleginnen von dem vermeintlichen Glücksfall. Entsprechend groß war dann die Enttäuschung, als sich das Ganze als Scherz herausstellte.

Ziemlich erfrischend verlief der erste Arbeitstag für eine Flugbegleiterin, die der Pilot mit ernster Miene bat, schnell ein paar Flaschen Wasser zu holen, um die Flugzeugnase zu kühlen. Diese sei nämlich »beim Wiedereintritt« stark erhitzt worden. Die pflichtbewusste Stewardess befolgte die Anweisung und wurde als Wasserwerferin ziemlich nass.

Und dann war da noch die Airline-Debütantin, die ihren Ohren nicht traute, als man sie bat, beim Ausfahren des Fahrwerks im Gang auf und ab zu hüpfen. Die Mechanik klemme nämlich ein wenig, deshalb müsse nachgeholfen werden. Zur großen Erheiterung der eingeweihten Passagiere gehorchte die Arme tatsächlich.

Doch nicht nur neue Stewardessen und Stewards entwickeln unter dem Stress eines langen Arbeitstages einen Hang zu geistigen Tiefflügen. Auch den Piloten und Passagieren scheint die »Höhenluft« manchmal so zuzusetzen, dass man an ihrer Zurechnungsfähigkeit zweifeln muss. Die folgenden Zitate machen deutlich: Witz und Wahnsinn liegen eng beieinander.

In diesem Kapitel:

Flachsende Flugkapitäne, verwirrte Versprecher und Freud'sche Fehlleistungen

Vor einigen Jahren auf einem Flug mit der LTU nach Mombasa gab es plötzlich einen heftigen Ruck in der Maschine. Die Durchsage aus dem Cockpit: »Meine Damen und Herren. Wie Sie bemerkt haben, haben wir gerade den Äquator überflogen.« Eine Passagierin, die gerade von der Toilette kam und sich heftig gestoßen hatte, fragte: »Ist das immer so?«

Herbert Mai, Dortmund

Auf dem Flug von Tanger nach Köln/Bonn war ich während des Starts felsenfest davon überzeugt, die Reifen würden unter mir brennen, und schrie das auch mehrfach durch die Passagierkabine. Als endlich die Stewardess kam, erklärte sie freundlich: »Unter Ihnen muss etwas anderes brennen. Die Reifen sind weiter hinten.«

Leo Yannick Wild, Berlin

Auf einer Reise mit einem Billigflieger von Berlin nach Frankfurt kam im Landeanflug die Durchsage: »Meine Damen und Herren, wir haben unsere Reisehöhe von 9000 Metern erreicht, Sie können die Gurte nun lösen. Wir wünschen Ihnen einen angenehmen Flug!« Da habe ich ernsthaft das Vertrauen in die Besatzung verloren.

Stefan Möhler, Offenbach am Main

Auf einem Flug mit der PanAm von Frankfurt nach Berlin machte eine junge Stewardess diese Ansage: »Meine Damen und Herren, wir werden in Kürze in Berlin landen. Bitte bringen Sie Ihre Sitze in eine aufrechte Position und halten Sie die

Klappe.« Als alle Passagiere laut lachten, korrigierte sie sich schnell: »… äh, und klappen Sie die Tische hoch.«

Evelyn Stewich, Berlin

Vor einigen Jahren auf einem British-Airways-Flug von Edinburgh nach London sagte ich zu meinem Kollegen: »Ist doch komisch, hier sind nur Stewards und keine Stewardessen im Flieger.« Kurz danach kam dann folgende Ansage aus dem Cockpit: »Herzlich willkommen … wünscht Ihnen Ihr Pilot George Michael!«

Jack Hide, Raadal, Norwegen

Zum Ende eines Fluges von Palma nach Hamburg meldete sich der erste Offizier wie folgt: »Meine Damen und Herren, wir beginnen jetzt unseren Landeanflug und haben soeben unsere Reiseflughöhe vergessen.« Nach dem Aufschrei einiger Passagiere korrigierte er sich amüsiert, aber umgehend: »Entschuldigung, ich meinte natürlich ›verlassen‹.«

Katrin Schuchard, Hamburg

Während eines Fluges zur griechischen Insel Kos meldete der Pilot: »Tinky Winky und Laa-Laa bitte ins Cockpit kommen!« Nach der Landung sagte er über die Lautsprecher: »Captain Future und sein Team wünschen Ihnen noch einen schönen Urlaub!«

Florian Stein, Stuttgart

Nach dem Start eines Flugzeugs hat sich ein Kollege von mir immer einen Spaß gemacht. Wenn der Pilot sich über die Lautsprecher vorstellte, rief er stets: »O nein, nicht der schon wieder!« Einige Passagiere reagierten darauf sehr geschockt.

Stephan Krings, Hannover

Eine Stewardess der Austrian Airlines fragte nach der Landung: »Möchten S' noch ein paar Speibeuterl für unterwegs mitnehmen?«

Eckbert Dollhofer, Wiesbaden

Auf einem Lufthansa-Flug von Paris nach Frankfurt bemängelte mein Hintermann bei der Stewardess, dass sein Tisch nicht funktioniere. Sie antwortete: »Entschuldigen Sie die Umstände, ich mache gleich eine Notiz für die Wartungs-Crew, dann wird das nach der Landung repariert.« Als wir nach einer recht harten Landung das Flugzeug verließen, sagte er der Stewardess: »Vergessen Sie das Tablett! Schreiben Sie bitte ›Fahrgestell‹ auf die Liste!«

Timo Culmann, Echzell

Nach einer extrem harten Landung in Frankfurt und der Bemerkung des Kapitäns, dass wir »Frankfurt auf den Punkt getroffen« haben, meinte ein hinter mir sitzender Passagier nur trocken: »Ach, war das die Landung? Ich dachte, wir sind abgeschossen worden.«

Mathias Thomaschek, Fürth

Nach einem Nachtflug von New York nach Frankfurt begrüßte uns der Pilot am Morgen: »Willkommen in London!« Im Flugzeug war ein Raunen zu hören, die Passagiere blickten ungläubig. Dann war ein Lachen aus dem Cockpit zu hören: Nein, nein, er sei nur »ein wenig spaßvögelig drauf«. Was haben wir gelacht.

Angela Ulonska, Berlin

Als wir bereit zum Einsteigen für unseren Flug von Stuttgart nach Berlin waren, kam der erste Bus zum Flugzeug mitsamt den Passagieren wieder zurück zum Terminal. Kurz darauf folgte eine Durchsage: »Der Pilot hat sich beim Einsteigen am Kopf verletzt und liegt in der Unfallstation. Wir müssen einen neuen Piloten finden, was eine Weile dauern kann.« Doch unter den Passagieren war zufällig ein Pilot derselben Fluglinie. Er zog seine Uniform an, und es ging direkt weiter.

Ernst Richter, Aspach

Flug von Düsseldorf nach Kopenhagen: Über der Landebahn ließ der Kapitän den Flieger regelrecht fallen – rums. Wir setzten hart auf, die Gepäckfächer sprangen teilweise auf, Jacken fielen heraus, mehrere der gelben Sauerstoffmasken kamen aus der Decke (ja, die Dinger aus den Sicherheitshinweisen gibt es wirklich!). Danach folgte die übliche Litanei der Stewardess: »Willkommen in Kopenhagen …« – ganz ruhig und vor allem ohne Entschuldigung. Ein Fluggast sagte dann laut: »Da sie sich nicht entschuldigt, scheint der Pilot immer so zu landen.« Diesmal hatte zur Abwechslung mal ein Fluggast die Lacher auf seiner Seite.

Wolfgang Werner, Sonsbeck

Durchsage in einer Maschine der Southwest Airlines nach der Landung in Los Angeles: »Herzlich willkommen in Los Angeles. Ganz herzlich möchten wir einer Person an Bord gratulieren, die heute stolze neunzig Jahre alt wird. Ich bitte um einen lieben Applaus ...« Nach einer kurzen Pause fügte der Sprecher hinzu: »Und vergessen Sie nicht, dem Kapitän auch noch mal persönlich zu gratulieren, wenn Sie das Flugzeug verlassen!«

Philipp Stracke, Nürnberg

Vor dem Start eines Fluges von Lissabon nach Frankfurt. Alle Passagiere waren bereit zum Abflug. Dann kam die Durchsage des Kapitäns: »Sehr geehrte Damen und Herren, wir begrüßen Sie auf dem Flug nach München ...« – man beachte den oben genannten Zielflughafen. Kurz darauf stürmte die Stewardess ins Cockpit, dann eine erneute Durchsage des Kapitäns: »Sehr geehrte Damen und Herren, wir begrüßen Sie auf dem Flug nach Frankfurt, bitte entschuldigen Sie meine Verwirrung. Sie sitzen im falschen Flugzeug, aber bitte bleiben Sie sitzen, wir laden schnell Ihr Gepäck um. Ich fliege dann schnell ein paar Abkürzungen, dann kommen Sie pünktlich in Frankfurt an.« Die Flugzeit war tatsächlich kürzer als üblich, nur mein Gepäck war nach der Ankunft nicht aufzufinden. Aber immerhin war ich in der richtigen Stadt.

Christine Bergmann, Hainburg

Vor dem Start einer Lufthansa-Maschine, die von Köln nach München fliegen sollte, fuhren wir eine ganze Weile hin und her, wendeten immer wieder und rollten durch die Gegend. Der Lautsprecher ging kurz an, aber wir hörten nur Kichern.

Irgendwann kam dann eine Durchsage des Kapitäns, der sein Lachen kaum unterdrücken konnte: »Meine Damen und Herren, wir haben uns v-e-r-f-a-h-r-e-n.« Er fügte noch hinzu, dass das in Köln/Bonn durchaus schwierig sei, da es nur eine Startbahn gäbe. Der Flug verlief dann aber problemlos.

Joachim Münstermann, Köln

Neu-Delhi, Ende Dezember 1999: Der Abflug aus der indischen Hauptstadt in Richtung Udaipur verzögerte sich wegen einer undurchdringlichen Mischung aus Nebel und Smog erheblich. Nach dem Boarding saßen wir mit rund 80 weiteren Passagieren im Flugzeug fest, nur gelegentlich unterhalten von den launigen Durchsagen des Piloten. Nach rund vier Stunden gab es folgendes »Update« aus dem Cockpit: »Meine Damen und Herren, hier ist mal wieder Ihr Kapitän. Wenn Sie jetzt rechts bitte aus dem Fenster schauen, können Sie dann das Flugzeug schräg vor uns sehen? Nein? Okay – wenn Sie es sehen können, ist die Sicht gut genug für eine Starterlaubnis. Bis dahin bitten der Tower und ich weiterhin um Ihre Geduld.«

Sabine Leopold, Berlin

Ein Flug mit Germanwings von Madrid nach Köln/Bonn: Nachdem das Flugzeug die Reiseflughöhe erreicht hatte, meldete sich der Captain mit der üblichen Durchsage und dem Zusatz: »Nach Köln werden wir heute geflogen von der Co-Pilotin, Frau Schmidt (Pseudonym)!« Daraufhin sagte ein Flugbegleiter, der im Gang neben unserer Sitzreihe stand, mit klarer Stimme: »Sie versucht es zumindest!«

Rüdiger Wolff, Brüggen

Auf einem Lufthansa-Flug nach Hamburg rollte unsere Maschine eine gefühlte Ewigkeit zur Startposition. Das Flugzeug war vollbesetzt mit müden und schweigenden Geschäftsleuten. Da machte ein Steward die Durchsage: »Nächster Halt Ohlsdorf, Übergang zur U- und S-Bahn.«

Joachim Colberg, Toulouse

Vor dem Start eines Fluges von Miami nach Birmingham im US-Staat Alabama kam diese Durchsage des Kapitäns: »Ladies and gentlemen, my name is Batman and next to me is sitting my co-pilot Robin, welcome on our flight to Gotham City.« (»Meine Damen und Herren, mein Name ist Batman, und neben mir sitzt mein Co-Pilot Robin. Willkommen auf dem Flug nach Gotham City.«) Im Hintergrund pfiff der Co-Pilot dazu die Melodie des »A-Teams«. Ich dachte in diesem Moment daran, auszusteigen.

Daniel Michalczyk, Oslo, Norwegen

Auf einem Lufthansa-Flug von Düsseldorf nach Hamburg, der ausschließlich von Geschäftsleuten und Vielfliegern genutzt wurde, begann der Pilot die Durchsage mit »Sehr geehrte Damen und Herren, liebe Kinder«. Schon da brach großes Gelächter im Flugzeug aus. Der Rest der Ansage war genauso kindgerecht und für einen Ferienflieger gedacht.

Matthias Sander, Hamburg

Mein lustigstes Flugerlebnis hatte ich auf dem Weg von Budapest nach Köln/Bonn. Während des Fluges machte der Pilot folgende Durchsage: »Meine Damen und Herren, wir befinden uns jetzt über Österreich, rechts unter uns können Sie gleich

Wien erkennen.« Einige Zeit später folgte dann diese Korrektur: »Meine Damen und Herren, ich muss mich leider korrigieren, die Stadt rechts unter uns ist Bratislava.« Auch wenn es sich nur um einen Unterschied von ungefähr 60 Kilometern gehandelt hat, war es doch kein gutes Gefühl, dass der Kapitän die genaue Position seines Flugzeugs nicht kannte.

Martin Wallenfang, Düsseldorf

Auf einem Flug von Frankfurt nach Gran Canaria stellte sich der Pilot vor: »Sehr geehrte Passagiere, Sie werden heute einen äußerst sicheren und entspannten Flug erleben. Mein Name ist Meister, und wie Sie sicherlich wissen, ist noch nie ein Meister vom Himmel gefallen.«

René Glaser, Frankfurt

Nach der Ankunft auf dem Flughafen in Ibiza machte der Pilot diese Durchsage: »So, ich habe fertig! Und hoffentlich fliegen Sie das nächste Mal auch wieder mit uns, denn hier werden Sie geholfen!«

Andreas Müller, Braunschweig

Landeanflug in Greenville im US-Staat South Carolina. Wenige Meter über dem Boden startet die Maschine durch. Dann die Ansage vom Kapitän: »Uups, da war ich wohl ein bisschen zu schnell zum Landen.«

Sören Papsdorf, Washington, USA

Nach der Landung in Berlin, die Lufthansa-Crew hatte an diesem Tag schon vier Flüge hinter sich, kam eine Durchsage des

Stewards: »Sehr geehrte Damen und Herren, willkommen in Frankfurt ... äh ... oder in Barcelona? Ach, Sie werden schon wissen, wohin Sie fliegen!«

Claus-Henning Cappell, Wiesloch

Vor einigen Jahren bin ich mit der Deutschen BA nach Stuttgart geflogen. Nach der Landung bedankte sich die Stewardess im Namen des Kapitäns und der Crew bei den Passagieren. Offensichtlich war ihr aber der Name des Piloten entfallen, sie stockte einen Moment und sagte dann: »... bedanken sich Captain Kirk und seine Crew, dass Sie mit der Deutschen BA geflogen sind.« Situation gerettet, die Gäste haben gelacht – ob das der Pilot genauso lustig fand?

Markus Rieksmeier, Hamburg

Vor vielen Jahren flog ich an einem Ostersonntag von München nach Hamburg. Der Kapitän hatte – im Gegensatz zu den meisten seiner sonoren Kollegen – eine Stimme wie Micky Maus. Und mit dieser Stimme begrüßte er uns so: »Herzlich willkommen ... äh ... meine Damen und ... äh ... Herren auf unserm Flug von ... äh ... Frankfurt nach ... äh ... München ... äh ... München nach Frankfurt ... äh ... ich meine Hamburg nach München ... äh ... umgekehrt!« Als die Passagiere schon alle lachten, fuhr der Pilot fort: »Ich wünsche Ihnen einen angenehmen Flug und ... äh ... noch schöne Weihnachten ... äh ... Ostern.« Mein Sitznachbar meinte daraufhin: »Jetzt fehlt nur noch, dass der Kerl Prost sagt!«

Norbert Lill, München

Ein Pilot der American Airlines formulierte die Aufforderung, alle elektronischen Geräte für den Start auszuschalten, wie folgt: »Folks, we're just about ready for taxi and take-off. I need you guys to turn off your Blackberrys, Strawberrys and Blueberrys.« (»So, Leute, wir sind bereit für den Start. Ich möchte Sie bitten, Ihre Blackberrys, Erdbeeren und Blaubeeren abzuschalten.«)

Jörg Wekenborg, Atlanta, USA

Nachdem wir am Hamburger Flughafen schon 30 Minuten in unserer Lufthansa-Maschine auf den Abflug gewartet hatten, machte der Kapitän die Durchsage: »Jürgen, bring den Zündschlüssel nach vorn, wir wollen endlich los!«

Peter Weissferdt, Kiel

Ein Flug von München nach Hamburg. Kurz vor dem Start begrüßte die Pilotin die Passagiere: »Meine Damen und Herren, ich möchte Sie herzlich willkommen heißen an Bord. Übrigens, ich bin blond und habe Probleme, mit dem Auto rückwärts einzuparken. Aber das Flugzeug ist einfacher zu bedienen, und wir werden schon irgendwie nach Hamburg kommen.« Diese Worte wirkten nicht auf alle Passagiere beruhigend.

Gerd Heinze, Osten

Als unsere Boeing 747 der Lufthansa in Washington, D.C., eigentlich schon startklar war, kam eine etwas holprige englische Durchsage des deutschen Kapitäns: »We apologize for the delay, but we have just soaked up a plane.« (»Entschuldigen Sie bitte die Verspätung, aber wir haben gerade eben ein Flugzeug aufgesogen.«) Gemeint war eine Plastikplane, die ins

Triebwerk geraten war. Die meist amerikanischen Passagiere befürchteten jedoch Schlimmes.

Simon Baier, Löhnberg

Auf einem Flug von München nach Dresden, der mit einer überaus harten Landung endete, kam aus dem Cockpit folgender Spruch: »Gemäß dem Motto ›Hat's beim Landen laut gekracht, hat's der Co-Pilot gemacht!‹, möchten wir uns hiermit bedanken, dass Sie mit Star Alliance geflogen sind und wünschen Ihnen noch einen schönen Aufenthalt in Dresden!«

Mike Wiede, Heidenau

Ein Flug von Phoenix nach Los Angeles im Jahr 2006 mit Southwest Airlines: Nach einer ziemlich harten Landung in Los Angeles kam zwar kein Kommentar vom Cockpit, stattdessen schnalzte der Kapitän ins Mikrofon und ahmte das Geräusch von Pferdehufen nach. Zum Abschluss folgte dann noch ein fröhliches Wiehern.

Steven Bruett, New York, USA

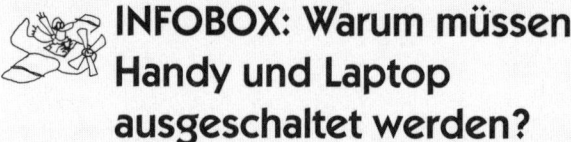 # INFOBOX: Warum müssen Handy und Laptop ausgeschaltet werden?

Wer sich weigert, im Flugzeug sein Handy auszuschalten, muss bei manchen Fluglinien immer noch mit heftigen Strafen rechnen. Im Februar 2009 kostete seine Hartnäckigkeit einen französischen Fluggast 1500 Euro. Er hatte trotz wiederholter Ermahnung weitertelefoniert und war sogar noch handgreiflich gegen die Crew geworden.

Aber warum ist die Handy-Nutzung eigentlich noch immer in den meisten Flugzeugen nicht erlaubt? In Deutschland verbietet ein Gesetz den Mobilfunk an Bord, wenn das Flugzeug nicht mit einer sogenannten Microzelle dafür ausgelegt ist. Doch laut Lufthansa-Sprecher Michael Lamberty haben sich frühere Bedenken, das Bordsystem könne gestört werden, seit etwa fünf Jahren als grundlos erwiesen. Bislang konnte nicht belegt werden, dass jemals ein Mobiltelefon für einen schweren Flugzwischenfall verantwortlich war. Immerhin: Einmal musste ein Regionalflugzeug notlanden, nachdem ein klingelndes Handy im Gepäckraum fälschlicherweise einen Feueralarm ausgelöst hatte.

Mancher Passagier hat sich schon gefragt, ob das Handy-Verbot lediglich aufrechterhalten wird, um die sündhaft teuren Satellitentelefone an den Sitzen zu subventionieren. Klar ist zumindest eines: Wenn die Signale von Mobiltelefonen eine ernsthafte Gefahr für die Bordelektronik wären, würden die Flugbegleiter sie vor dem Start einsammeln, anstatt sich blindlings auf das Mitmachen der Passagiere zu verlassen.

Die Tatsache, dass MP3-Player und Laptops bei Start und Landung nicht verwendet werden dürfen, hat übrigens nichts mit möglichen Störfrequenzen zu tun. Computer sind sperrig und könnten bei einer unsanften Landung durch die Kabine fliegen, wenn sie ausgepackt sind – und wer per Kopfhörer seinem iPod lauscht, überhört möglicherweise eine wichtige Sicherheitsansage.

Kapitel 9

Landung:
»Zwei zum Preis von einer!«

Der Airbus A320 mit 131 Passagieren an Bord schwankt im Landeanflug, dreht die Nase in den Seitenwind. Es ist der 1. März 2008, der Tag, an dem Orkan »Emma« über Deutschland fegt. Die Lufthansa-Maschine LH 044 aus München versucht, nach einem schrägen Anflug auf der Hamburger Landebahn 23 aufzusetzen. Doch dann erwischt sie eine 102 km/h schnelle Windböe von der Seite. Die rechte Tragfläche wird nach oben gedrückt, die linke Flügelspitze berührt den Boden. Kurz bevor die schlingernde Passagiermaschine komplett außer Kontrolle geraten kann, startet der Pilot durch.

Ein millionenfach angeklicktes Video im Internet sorgte dafür, dass weltweit tatsächliche und selbsternannte Flugexperten über die Hamburger Beinahekatastrophe diskutierten. Die Medien lobten zunächst die vermeintliche Heldentat des 39-jährigen Piloten. Doch dann kritisierten Pilotenkollegen, dass die Crew sich früher für einen Landeabbruch hätte entscheiden müssen. Zudem stellte sich heraus, dass die erst 24-jährige »schöne Co-Pilotin« (»Bild«) das Landemanöver gesteuert hatte und nicht der deutlich erfahrenere Kapitän. Der griff erst ein, als ein Durchstarten unausweichlich war, und landete den Airbus knapp 15 Minuten später sicher auf einer anderen Landebahn des Flughafens.

Ohne die weltweite Aufmerksamkeit im Internet wäre der Vorfall wohl zwei Tage später vergessen gewesen. Viele Passagiere sollen gar nicht mitbekommen haben, dass eine Tragfläche über den Boden schrammte. Panik brach nicht aus, stattdessen herrschte angespannte Stille in der Kabine. »Es war schrecklich, keiner sagte etwas«, erinnert sich der Sportreporter Hansi Küpper, der an Bord war. »Unbeschreiblich, was einem in so einem Moment alles durch den Kopf geht.«

Für die Piloten blieb der 1. März jedenfalls ohne Konsequenzen, ein Fehlverhalten konnte ihnen nicht nachgewiesen werden. Ein Jahr später kam der Verdacht auf, dass auch die automatische Computersteuerung zumindest mitverantwortlich für die Gefahrensituation gewesen sein könnte.

Für den Piloten war es »ein ganz normaler Anflug – bis zum Aufsetzen«, wie er später in einem Interview mit dem »Stern« sagte. Die Frage, was passiert wäre, wenn er auch nur eine Sekunde länger gezögert hätte, stelle er sich nicht. »Sie sagen ja auch nicht alle zehn Sekunden auf der Autobahn: Hätte ich nur eine Sekunde später gebremst, wäre ich meinem Vordermann draufgefahren.«

In diesem Kapitel:
Rauchende Reifen, Anfängeraufsetzer und gefährliche Geisterfahrer

Vor der Landung unserer Propellermaschine auf dem Flugplatz von Medellín in Kolumbien, der sehr schwer anzufliegen ist, machte der Pilot die Durchsage: »Now pray, only pray!« (»Beten Sie, einfach nur beten!«)

Elisabeth Wedemeyer, Tübingen

Während des Anfluges auf London-Heathrow mit einer Maschine der British Airways legte das Flugzeug plötzlich in der Luft eine Vollbremsung hin, indem Landeklappen, Vorflügel und Fahrgestell ausgefahren wurden. Während unsere Köpfe noch an der Lehne des Vordersitzes klebten, gab der Kapitän plötzlich wieder vollen Schub auf die Triebwerke, und wir wurden wieder nach hinten in die Sitze gedrückt. Als wir wieder in sicherer Höhe flogen, meldete sich der Pilot: »Wenn Sie jetzt aus dem Fenster schauen, werden Sie feststellen, dass wir noch nicht gelandet sind. Das liegt unter anderem daran, dass uns während des Landeanfluges auf unserem Kurs ein anderes Flugzeug entgegenkam, so dass ich es für besser hielt, den Landeanflug abzubrechen.«

Hans-Joachim Fabry, Berlin

Flug mit Lufthansa vor geraumer Zeit. Per Durchsage wurde einer der ersten weiblichen Lufthansa-Piloten vorgestellt. Die Landung erfolgte dann mit einem wirklich kräftigen Rums. Sekunden später meldete sich die Pilotin: »Meine Damen und Herren, ich darf Ihnen versichern: Das war noch längst nicht meine härteste Landung!«

Max Gschneidinger, Gräfelfing

Nach einer sehr harten Landung in Paris – es war etwas Gepäck durch die Maschine geflogen, und draußen regnete es kräftig – sagte der Flugbegleiter nur trocken: »Meine Damen und Herren, soeben haben wir Paris getroffen …« – kurze Pause – »… und versenkt!«

Thomas Kirschner, Bad Homburg

Auf halber Strecke unseres Fluges mit British Airways von Stuttgart nach London fielen an Bord alle Lichter aus, nur die Bodenbeleuchtung für den Ernstfall leuchtete noch. Der Pilot erklärte das mit technischen Problemen und Hydraulikdefekten. Nachdem wir zweieinhalb Stunden über London gekreist waren, landeten wir recht holprig in London-Heathrow. Am Ende der Landebahn standen Feuerwehr und Krankenwagen sowie Polizeiautos bereit. Unser Pilot erklärte dazu über die Lautsprecher: »Das ist Ihr Empfangskomitee für London!«

Stefan Flachner, Moers

Im Landeanflug unserer Maschine in Boston war die Crew noch mit den üblichen Aufräumarbeiten in der Kabine beschäftigt, als wir nach einem Luftloch plötzlich schon hart auf der Landebahn aufsetzten. Erst da meldete sich der Pilot mit dem Spruch: »Crew, please prepare for landing.« Eine Stewardess rief daraufhin laut in Richtung Cockpit: »Brems endlich!«

Dennis Luxen, Karlsruhe

Kurz vor dem Aufsetzen bei einem Flug mit Ryanair von Mailand nach Frankfurt-Hahn musste die Maschine durchstarten und im steilen Winkel wieder nach oben fliegen. Dann teilte der Kapitän mit: »Sorry, Leute, die Landebahn war noch von einer alten Tupolew belegt.« Und fügte trocken hinzu: »Aber keine Sorge, runter kommen wir immer.«

Marcus Bäckmann, Frankfurt

Vor einiger Zeit flog ich mit Air Berlin von Düsseldorf nach Nürnberg. Nachdem der Pilot ohne Erklärung zwei Schleifen über Nürnberg geflogen war, setzte er zur Landung an, flog dann aber in einer Höhe von etwa 400 Metern einfach über die Landebahn hinweg. Kurz darauf kam die Durchsage: »Wie Sie sicher bemerkt haben, sind wir soeben im Tiefflug über die Landebahn geflogen. Der Tower hat uns informiert, dass sich ein Sportflugzeug im Bereich des Flughafens verirrt hat und sie im Moment versuchen, den Sportflieger wieder einzufangen. Sobald der Geisterfahrer die Landebahn verlassen hat, werden wir landen.«

Thorsten Grosse, Fürth

Nach dem harten Aufsetzen einer Maschine in Hamburg meldete sich der Co-Pilot mit den Worten: »Ich hoffe, unser Aufprall hat Ihnen gefallen!«

Joachim Meyer, Bremen

Nach einem ereignislosen Lufthansa-Flug von Frankfurt nach Paris startete die Maschine kurz vor dem Aufsetzen durch. Der Kommentar des Kapitäns dazu: »Leider hat der Pilot des Flugzeugs vor uns auf der Startbahn die Freigabe durch den Tower nicht in angemessener Zeit in einen tatsächlichen Start umgesetzt, weshalb wir durchstarten mussten. Genießen Sie die Aussicht auf die Innenstadt von Paris, wir versuchen es erneut.«

Heiko Hering, Hamburg

Auf einem Flug mit Ryanair haben wir einmal eine ziemlich rumpelige und harte Landung erlebt, die auch schlafende Fluggäste aufgeweckt hat. Der Pilot sagte ganz nüchtern: »In case you didn't notice: We have landed!« (»Falls Sie es nicht bemerkt haben: Wir sind gelandet!«)

Bertram Bühner, Frankfurt

Nach einer sehr harten Landung in Memphis, die sich wie ein Manöver auf einem Flugzeugträger anfühlte, kam die Ansage vom Ersten Offizier: »Ich möchte mich im Namen des Kapitäns für die harte Landung entschuldigen. Ich darf Ihnen leider nicht wörtlich mitteilen, was er gesagt hat. Aber ich kann Ihnen versichern, dass es ihm sehr leidtut.«

Sören Papsdorf, Washington, USA

Nach einem Flug von Frankfurt nach Amsterdam sank das Flugzeug schwankend in Richtung Boden. Fünf, sechs Meter über der Landebahn sackte die Maschine nach unten weg und landete mit einem satten Rums. Daraufhin machte die Flugbegleiterin die Durchsage: »Meine sehr verehrten Damen und Herren, wie Sie vielleicht gemerkt haben, haben wir Amsterdam getroffen. Vielen Dank, dass Sie mit Lufthansa-Star-Alliance geflogen sind. Wir wünschen Ihnen noch ein schönes Leben!«

Thomas Nehring, Wiesbaden

Nach einer Landung auf dem Flughafen von Fuerteventura, die so hart war, dass viele Passagiere über Rückenschmerzen klagten, erwarteten wir irgendeine Stellungnahme des Piloten oder der Stewardess. Aber das Mikrofon blieb zunächst stumm, offensichtlich war der Crew bewusst, dass die Standardansage nicht den Umständen entsprechen würde. Kurze Zeit später kam dann folgende Durchsage über die Lautsprecher: »Hier spricht Ihr Pilot. Entschuldigen Sie bitte die harte Landung, aber …«, es folgte eine kurze Pause, »… auch einem guten Koch fällt mal der Löffel in die Suppe!« Mit schmerzendem Rücken, aber einem Lächeln verließ ich die Maschine.

Burkhard Wolff, Hamburg

Nach einer Landung in München erfolgte vom Bordpersonal die Durchsage: »Wir sind soeben in München aufgeschlagen.« Daraufhin meldete sich der Pilot: »Na, so hart war's auch nicht.«

Frank Weisel, Eichenau

Nach der sehr harten Landung in Rom kam die fröhliche Ansage aus dem Cockpit: »Meine Damen und Herren. Das war ich nicht, das war der Erste Offizier.«

Christiane und Wilhelm Zimmermann, Sankt Augustin

Durchsage des Flugkapitäns kurz vor der Landung in Hamburg, nachdem sehr kurzfristig die zugewiesene Landebahn gewechselt wurde: »Meine Damen und Herren, dies ist jetzt nichts anderes als ein kontrollierter Absturz.«

Christoph von Goßler, Hamburg

Auf einem morgendlichen Lufthansa-Flug von Düsseldorf nach Zürich vor etwa fünf Jahren teilte der Pilot den Passagieren mit, dass er verspätet landen müsse, da der Flughafen gesperrt sei. Man vermute wegen Nebels, der häufig am Flughafen Zürich auftrete. Nach ein paar Minuten meldete sich wieder der Kapitän, man wisse nun den Grund: Ein Flugzeug werde vermisst, und man wüsste noch nicht, wie lange der Flughafen noch gesperrt sei. Weitere Minuten verstrichen, bis sich der Pilot erneut meldete: Nun bestehe leider Gewissheit darüber, dass das Flugzeug wohl abgestürzt sei, aber die gute Nachricht sei, dass der Flughafen gleich wieder geöffnet werde.

Als wohl schon viele der Passagiere befürchteten, gleich über rauchenden Trümmern landen zu müssen, meldete sich die Crew noch einmal und teilte mit, dass »keiner sich Sorgen um Angehörige oder Freunde zu machen braucht, es handelt sich nur um ein kleines Privatflugzeug«. Inzwischen war es totenstill im Flugzeug geworden. Noch während des weiteren Anfluges kam die Durchsage, dass das vermisste Flugzeug nun doch sicher in Zürich angekommen sei und man nun in ein paar Minuten landen werde. Die Erleichterung war deutlich zu spüren.

Tim Hennig, Köln

Nachdem die Lufthansa-Maschine auf unserem Flug nach Stuttgart bereits sehr hart auf der Landebahn aufgesetzt hatte, hob der Flieger nochmals kurz ab, um erneut sehr hart aufzusetzen. Daraufhin machte die Stewardess die Ansage: »Puuuh … hart, aber herzlich heißen wir Sie in Stuttgart willkommen.«

Achim Ott, Denkingen

Nach einer harten Landung mit unserer JetBlue-Airways-Maschine kam die Durchsage: »Es tut uns leid. Es war nicht der Kapitän, wir waren es nicht – der Asphalt war schuld!«

Michael Eckart, Fort Lauderdale, USA

Kurz vor der Landung unseres Fluges an einem Montag von Berlin-Tempelhof nach Mannheim sagte der Pilot über die Lautsprecher: »Weiche Landungen gibt's bei uns nur dienstags, donnerstags und am Wochenende.« Etwas besorgt warteten die Passagiere die Landung ab, die dann aber butterweich war. Daraufhin meldete sich wieder der Pilot: »... und neuerdings auch montags!«

Martin Zimmermann, Schorndorf

Nach einer sehr harten Landung kam die Durchsage: »The runway jumped on us.« (»Die Landebahn hat uns angesprungen.«)

Dirk Hüttemann, Berlin

Wegen schlechten Wetters und starker Böen schlingerte unsere Paninternational-Maschine im Landeanflug auf Düsseldorf stark, wurde immer wieder schräg gestellt und vom Piloten schließlich absichtlich hart aufgesetzt, damit wir schnell Bodenhaftung bekamen. Eine Windböe riss die Maschine jedoch wieder einige Meter hoch, und wir setzten erneut hart auf. Dann meldete sich der Kapitän: »Meine Damen und Herren, wir sind soeben zweimal in Düsseldorf gelandet.«

Rainer Schlage, Köln

Bei der Landung unseres Fluges von Frankfurt nach Boston fiel die Maschine die letzten zehn Meter wie ein Stein auf die Landebahn, dadurch platzte ein Großteil der linken Reifenummantelung, das Flugzeug brach nach links aus und wurde fast im selben Moment zurück nach rechts gerissen. »Prima Landung«, meinte ich zu der Stewardess, während die Maschine in Schräglage zum Gate eierte. Sie antwortete extrem gelassen: »Nun ja, jeder fängt mal an.« Wie sich herausstellte, hatte der Co-Pilot seine erste echte Landung durchgeführt, während der überwachende Pilot sicherstellte, dass die Maschine nicht im Bostoner Hafen landete.

Ilja Albrecht, Sliema, Malta

Auf dem Landeanflug unserer Condor-Maschine in Düsseldorf hat der Steward eine sehr lokalpatriotische Durchsage gemacht: »Die Passagiere zur Linken können nun einen Blick auf das schönste Bauwerk Düsseldorfs werfen: die Autobahn nach Köln!«

Markus Fischer, Köln

Nach einem Flug mit British Airways von Los Angeles nach Heathrow mussten wir mit heftigen Seitenwinden in London landen. Kurz nach dem Aufsetzen schlingerte die Boeing 747 so heftig, dass wir alle links und rechts in die Sitze gepresst wurden. Ich saß am Notausgang gegenüber einer jungen Flugbegleiterin. Als das Schlingern vorbei war und die Maschine wieder normal rollte, sagte sie: »Well, this makes my life a little bit more exciting.« (»Tja, das macht mein Leben etwas aufregender.«)

Thomas Soddemann, Königswinter

Auf einem Flug mit British Airways von Glasgow nach Manchester startete der Kapitän kurz vor dem Aufsetzen durch und machte dann folgende Durchsage: »Leider mussten wir durchstarten, da ich unten auf der Landebahn noch einen Kollegen herumrollen sah. Da ich den Kollegen nicht dort, sondern lieber später im Pub treffen möchte, drehen wir noch eine Runde.«

Steffen Ohnemüller, São Paulo, Brasilien

Nach einem Flug von München nach Hamburg hatten wir eine sehr harte Landung. Der Kapitän meldete sich mit ernster Stimme: »Willkommen in Hamburg. Entschuldigen Sie die etwas unsanfte Landung. Das war der jährliche Belastungstest des Fahrwerks. Hat auch diesmal bestanden.«

Alex Ebner, München

Bei einem Flug von London nach Dublin in einer ATR 72 fiel die Landung wegen schlechten Wetters ziemlich holprig aus und glich eher einem kontrollierten Absturz. Das sah der Kapitän anscheinend genauso, denn er sagte: »Für die harte Landung möchte ich mich entschuldigen. Ich habe mich in meine Marinezeit zurückgesetzt gefühlt. Erst nachdem ich das Flughafengebäude gesehen habe, war ich mir sicher, dass es nicht die ›HMS Illustrious‹ [Britischer Flugzeugträger] ist, auf der wir landen.«

Sven Vahlbruch, Bayreuth

Bei einem Flug mit Blue Wings von Antalya nach Frankfurt war die Sicht sehr schlecht. Nach einer sehr harten Landung machte die Stewardess die Durchsage: »Die Landung hat heute die Boeing allein gemacht. Die beiden Piloten hätten das besser hinbekommen.«

Florian Warnken, Oldenburg

Auf einem Lufthansa-Flug mit einer Boeing 747 von Frankfurt nach Los Angeles setzte die Maschine mit einem gewaltigen Schlag auf der Rollbahn auf, und fast alle Gepäckfächer öffneten sich. Nach einer Minute kam die Durchsage des Piloten: »Meine Damen und Herren, bitte entschuldigen Sie die harte Landung. Jetzt, da wir unten sind, kann ich ehrlich zu Ihnen sein: Es war meine erste.«

Benjamin Vinson, Nidda

Ich habe selten einen so sanften Flug erlebt wie vor einigen Jahren mit der Lufthansa von Düsseldorf nach München. Selbst im Landeanflug gab es nicht das kleinste Wackeln. Bis plötzlich – nur noch ein paar Meter über der Landebahn – die Maschine durchsackte und mit einem äußerst harten Schlag auf die Landebahn knallte. Noch im Abbremsen meldete sich einer der Piloten: »Tja, meine Damen und Herren. Tut uns leid wegen des harten Aufsetzens, das war so nicht vorgesehen, aber wir haben gerade das automatische Landesystem getestet.«

Wolfgang Kessler, Düsseldorf

Beim Landeanflug eines Fluges von Frankfurt nach Hamburg schwankte die Maschine wegen des starken Windes sehr. Als das Flugzeug nur noch circa 30 Meter über der Landebahn war, gab der Pilot plötzlich Schub und startete durch. Wir warteten auf eine Erklärung, aber es kam keine. Nach einer Schleife folgte der nächste Landeanflug. Da endlich kam die Durchsage des Piloten: »Sehr geehrte Damen und Herren, willkommen bei der Lufthansa-Happy-Hour. Erleben Sie zwei Landungen zum Preis von einer!«

Christoph Sommer, Erkrath

Während des Landeanfluges auf die Insel Samos kam die Durchsage des Kapitäns: »Ich werde jetzt versuchen zu landen.« Die Passagiere lachten. Doch der Pilot musste kurz vor dem Aufsetzen durchstarten. Nach einem großen Bogen meldete er: »Ich versuche es noch einmal.« Da lachte niemand mehr. Die Landung wurde erneut abgebrochen, und wir flogen weiter nach Kos. Nach der Landung dort informierte uns der Kapitän: »Wir fliegen jetzt direkt zurück nach Frankfurt, die Maschine wird dort gebraucht. In Kos ist sowieso kein Hotel frei.« Durch den Widerstand der Passagiere konnten wir aber auf Kos bleiben, und es fand sich doch noch ein Hotel. Am nächsten Morgen ging es dann mit dem Schiff nach Samos.

Detmar Roloff, Warthausen

Nach der Landung unserer Air-Berlin-Maschine aus Monastir in Düsseldorf klatschten viele Passagiere Beifall. Da meldete sich der Kapitän: »Sehr geehrte Damen und Herren, vielen Dank für den Beifall, aber ich darf Ihnen mitteilen, dass uns vor wenigen Tagen schon einmal eine Landung in Düsseldorf geglückt ist.«

Florian Rinke, Münster

Beim Landeanflug über Hamburg meldete sich der Pilot unserer Lufthansa-Maschine: »Sehr geehrte Fluggäste, wie Sie bemerkt haben, konnten wir etwas schneller fliegen und unsere Verspätung wieder aufholen. Wenn Sie heute Abend abgeholt werden und die Wartenden Ihnen von einem kometenähnlichen Phänomen berichten: Das waren wir beim Wiedereintritt in die Erdatmosphäre!«

Christian Schmalz, Frankfurt

Nach der problemlosen Landung unserer Air-Berlin-Maschine in Düsseldorf kam aus dem Cockpit die Durchsage: »Na also, geht doch!«

Christoph Schüpp, Bochum

Beim Landeanflug auf den Flughafen Korfu machte der Kapitän folgende beängstigende Durchsage: »Sehr geehrte Passagiere, wundern Sie sich bitte nicht, wenn es gleich unter Ihren Füßen etwas nass wird. Die Landebahn des Flughafens von Korfu ist nicht besonders lang, und dahinter kommt das offene Meer.« Nach einer kurzen Pause fügte er hinzu: »Keine Panik, das wird schon!«

Thorsten Schlautmann, Recklinghausen

Die Landung unseres Lufthansa-Fluges aus Hamburg in Oslo war sehr hart. Prompt folgte die aufgedrehte Durchsage des Piloten: »Heidewitzka, woohoo!!!«

Daniel Michalczyk, Oslo, Norwegen

INFOBOX: Was passiert bei einer Notwasserung?

Notwasserungen sind extrem selten: Gerade einmal sechs Fälle aus der Jet-Ära sind bekannt. Großes Aufsehen erregte im Januar 2009 die erfolgreiche Landung eines vollbesetzten Airbus A320 auf dem Hudson River in New York. Sämtliche Passagiere überlebten, der Pilot wurde als Held gefeiert. Er hatte es geschafft, nach einem doppelten Triebwerksausfall durch Vogelschlag und nur drei Minuten verbleibender Zeit in der Luft die Maschine so sauber aufzusetzen, dass das Schlimmste verhindert werden konnte.

Auf dem Meer dagegen gelingen Notwasserungen selten, ohne dass Todesopfer zu beklagen sind. Der Pilot muss versuchen, parallel zu den Wellenkämmen aufzusetzen, möglichst viel Tempo herauszunehmen und mit dem Heck zuerst das Wasser zu berühren. Denn wenn bei mehr als 200 km/h Geschwindigkeit ein Flügel oder ein Triebwerk zuerst einfädelt, überschlägt sich das Flugzeug und kann auseinanderbrechen, weil der Rumpf dann enormen Kräften ausgesetzt ist. Erschwerend für Piloten ist, dass ein solches Manöver nicht realitätsgetreu im Simulator geübt werden kann.

164

Kapitel 10

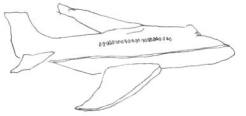

Weg zum Gate:
»Kapitän, Co-Pilot und Autopilot
verabschieden sich«

»›Schicken Sie eine meiner Taschen nach New York, eine nach
Los Angeles und eine nach Miami!‹, ›Das können wir nicht!‹,
sagte die Dame am Schalter, darauf ich: ›Aber letzte Woche
haben Sie es getan!‹« – so beschrieb der britische Komiker
Henny Youngman ein gefürchtetes Drama im Passagieralltag:
den Kofferverlust. Kaum haben die Reisenden mit mehr oder
weniger Angst Flug und Landung überstanden, sich durch die
Passkontrolle gequält, beobachten sie mit bangen Augen das
Gepäckband – kommt mein Koffer oder nicht?

Meist fährt das ersehnte Gepäck letztendlich doch auf seinen Eigentümer zu – doch was, wenn nicht? Immer wieder
treffen aufgegebene Stücke erst mit der nächsten Maschine ein,
erreichen den falschen Flughafen oder gehen einfach verloren.
32,8 Millionen Gepäckstücke weltweit wurden 2008 zeitweise
vermisst, stellte eine Studie der EU-Kommission fest. Jeder
3000. Passagier hatte einen Koffer zu beklagen, der unwider-
ruflich im Bermuda-Dreieck von Gepäckzentren und Luft-
fahrtdrehkreuzen verschollen blieb.

Einen Rekord bei der höchsten Anzahl in kürzester Zeit ver-

165

misster Koffer konnte wohl British Airways an ihrem Londoner Heimatflughafen Heathrow aufstellen, der längst als Europas chaotischster Airport bekannt ist. Die Eröffnung des neuen, sechs Milliarden Euro teuren Terminals 5 im März 2008 geriet zur Farce. Hunderte Flüge fielen aus, Tausende Passagiere strandeten, Fahrstühle streikten, Arbeiter prügelten sich – und rund 28 000 Gepäckstücke blieben liegen. Ein Softwarefehler und schlechte Organisation hatten das Hightech-Transport-system lahmgelegt, gigantische Kofferberge verstopften den Bauch des Terminals.

Die Reaktionen auf die Eröffnungspleite reichten von harsch bis humorig: Als »nationale Schande« bezeichneten britische Politiker die Zustände in der Abfertigungshalle, Versicherungen verweigerten Gepäckschutz bei Reisen über Terminal 5. Auf YouTube kursierte der »Terminal 5 Song« der Gruppe Roguetune: »Sie haben mein Gepäck verloren, sie haben meine Frau verloren«. Und im Internet-Computerspiel »Terminal Panic« wurde British-Airways-Chef Willie Walsh als »Wee Willie«-Figur auf ewig dazu verdammt, Koffer durch einen Scanner zum Gepäckband zu schleppen. Die skurrile Lösung des Gepäck-GAUs: Ein Großteil der liegen gebliebenen Koffer wurde per Lkw nach Mailand gefahren, dort sortiert und dann erst an die Eigentümer weitergeleitet.

Das Desaster hat eine Londoner Künstlerin inspiriert: Luna Laboo ersteigert noch heute auf Auktionen Koffer, die am Flughafen Heathrow verloren gegangen sind. Dann fotografiert sie ihren Inhalt – Socke für Socke, Unterhose für Unterhose – und stellt die Bilder ins Netz. »Ist dies Ihr Gepäck?«, fragt sie auf ihrer Website www.isthisyourluggage.com – und wartet, dass die Eigentümer des bunten Allerleis sich bei ihr melden.

Beruhigend für Kofferverlustängste ist die jüngste Entwicklung: Die Zahl der Gepäckstücke auf Abwegen hat 2008 im Vergleich zum Vorjahr massiv abgenommen – um mehr als 20 Prozent weltweit. Die Erklärung aber ist zum Teil so einfach wie kundenunfreundlich: Gleichzeitig führten immer mehr Fluglinien eine Gebühr für aufzugebendes Gepäck ein – statt ihre Koffer dem Check-in und den risikobehafteten Transportwegen anzuvertrauen, stopfen die Kunden sie nun aus Sparsamkeit in die Gepäckfächer an Bord.

In diesem Kapitel:
Gangway-Geduldsproben, löchrige
Landebahnen und Abschnallaufregung

Nach einem Flug von San Francisco nach Philadelphia landeten wir eine halbe Stunde zu früh am Zielort. Daher sagte der Pilot: »Im Namen von United Airlines möchte ich mich für die vorzeitige Landung in Philadelphia entschuldigen. Worüber sollen Sie denn heute Abend meckern, wenn wir schon keine Verspätung haben? Aber vielleicht haben wir ja Ihr Gepäck verloren, es besteht also noch Hoffnung, dass Sie heute Abend Gesprächsstoff haben.«

Christian Wolf, Hamburg

Nach der Landung in Paris sagte der Pilot: »Meine Damen und Herren, da hinten rechts auf dem Rollfeld sehen Sie das russische Flugzeug, das ich als Kind gesehen habe. Danach wollte ich unbedingt Pilot werden! Ich bringe Sie näher ran, damit Sie es sich auch anschauen können.« Dann wendete er den Airbus, fuhr über das halbe Rollfeld, legte den Verkehr auf der Start- und Landebahn lahm und drehte zwei Runden um eine russische Doppelpropellermaschine, während er begeistert die technischen Daten vorbetete. Dem Piloten der anderen Maschine sah man seine Verwunderung an, und im Hintergrund hörte man die Flugsicherung fluchen.

Bastian Königsmann, Erlangen

Nach einem sehr ruhigen Flug und einer sanften Landung unserer Sabena-Maschine in Kampala in Uganda machte der Pilot plötzlich eine Vollbremsung. Dann folgte eine sehr scharfe Kurve nach links. Ich dachte, entweder schießen wir über die Landebahn hinaus in den Viktoriasee oder wir kippen um. Schließlich kam die Durchsage des Kapitäns: »Der Tower und ich konnten uns nicht einigen, welches Gate wir nehmen sollen. Jetzt habe ich einfach das erste genommen.«

André van Daalen, Stuttgart

Nach der Landung unserer British-Airways-Maschine am neuen Terminal 5 in London-Heathrow sind wir rund zehn Minuten auf dem Gelände herumgefahren. Dann meldete sich der Pilot über die Lautsprecher: »Wenn das Bodenpersonal irgendwann eine Gangway für uns auftreiben kann, dann dürfen Sie das Flugzeug auch verlassen.«

Celine Zeng

In München angekommen, musste die Maschine aus Hamburg noch auf dem Vorfeld warten. Da meldete sich der Pilot und sagte in sarkastischem Tonfall: »Meine Damen und Herren, ich muss mich für die Verzögerung entschuldigen, aber es regnet seit 25 Jahren zum ersten Mal in München – und das stellt das Bodenpersonal vor schier unlösbare Probleme.«

Fabian Königer, Hamburg

Nach der Landung unserer Air-Berlin-Maschine in Palma de Mallorca blieb das Flugzeug in der Parkposition stehen – nichts passierte. Dann kam eine Durchsage des Piloten: »Tja, meine lieben Gäste, wie jeden Tag sind wir wieder völlig überraschend in Palma gelandet, so dass uns so schnell gar keine Treppen zur Verfügung stehen. Sie müssen sich mit dem Aussteigen also noch ein Weilchen gedulden.«

Kristina Nissen, Treia

Flug mit Condor von Málaga nach Frankfurt im Juni 2007: Nach störungsfreiem Flug und unspektakulärer Landung in Frankfurt meldete sich der Chef-Steward zu Wort: »Meine Damen und Herren, jetzt, da der Kapitän Frankfurt doch gefunden und die Europa-Karte wieder von den Knien genommen hat, wird er uns an das Gate fahren. Wir bitten Sie daher inständig, bis zum Stillstand des Flugzeugs angeschnallt zu bleiben, denn unsere Piloten sind zwar ausgezeichnete Flieger, aber saumäßige Autofahrer.«

Paul Ebersberger, Wiesbaden

Nach der harten Landung unserer WestJet-Maschine aus Vancouver im kanadischen Edmonton – die härteste Landung, die ich bis jetzt erleben durfte – scherzte die Stewardess: »Dank unseres Kapitäns können Sie nach dem Verlassen des Flugzeugs Ihr Gepäck auf Startbahn 5 suchen!«

Armin Braatz, Edmonton, Kanada

Auf einer Reise von Los Angeles nach Hongkong mit United Airlines sagte die Flugbegleiterin nach der Landung: »Die Passagiere, die aufstehen, bevor das Anschnallzeichen ausgeht, müssen im Flugzeug bleiben und uns helfen, es sauberzumachen.«

York Möller, Hamburg

Dezember 2006, Flug mit Air Berlin von Palma de Mallorca nach Düsseldorf: Nachdem wir pünktlich und problemlos gelandet waren, stand für das Flugzeug keine Gangway zur Verfügung. Nach einiger Zeit – die meisten Passagiere warteten ungeduldig, dass sie endlich aussteigen konnten – kam die freundliche Durchsage einer Stewardess: »Liebe Fluggäste, eine Kollegin vom Flughafen macht sich gerade frei und kommt uns abholen.« Die Freude – insbesondere bei den männlichen Passagieren – war groß.

Christiane Vogel, Frechen

Im Jahr 1990 gab es noch die berühmten Rundflüge über den Grand Canyon. Auch unsere Familie wollte damals mit so einer zweimotorigen Propellermaschine fliegen. Der Flug war recht holprig, da die Sonne den Wüstenboden so richtig schön erwärmte und die Thermik für Turbulenzen sorgte.

Kräftig durchgeschüttelt und nach erfolgreicher Landung, meinte der Kapitän lakonisch: »Danke, dass Sie mit uns geflogen sind, und entschuldigen Sie bitte den holprigen Flug. Bitte tun Sie uns einen Gefallen: Wenn Sie das Flugzeug verlassen, machen Sie nicht diese Papst-Sache!« Fragende Blicke der Passagiere in Richtung Pilot, der dann erklärte: »Verlassen Sie das Flugzeug bitte nicht in Panik, und küssen Sie nicht den Boden, wie der Papst es macht. Das wirkt nicht so gut auf die Passagiere, die schon auf den nächsten Flug warten.«

Christian Groth, Much

Am Abend des Orkans »Kyrill« bin ich mit Air Berlin nach Köln/Bonn geflogen. Bei der Landung setzte die Maschine hart auf die Landebahn auf, nachdem wir bereits im Anflug von den Orkanböen durchgeschüttelt worden waren. Als wir in Parkposition waren, passierte zunächst gar nichts. Bis die Stewardess sich meldete: »Liebe Passagiere, der Tower hat offenbar nicht geglaubt, dass wir es wirklich wagen zu landen. Bitte haben Sie noch ein paar Minuten Geduld bis zum Ausstieg, man organisiert jetzt Gangway und Busse für uns.«

Christian Deußen, Düsseldorf

Auf einem Flug von Leipzig nach Köln/Bonn in einer relativ kleinen Maschine waren ausschließlich sehr ernste und konzentrierte Geschäftsreisende an Bord. Nach der Landung kam folgende Ansage des Co-Piloten: »Da unsere Piloten deutlich besser fliegen als fahren, bitten wir Sie, so lange angeschnallt zu bleiben, bis die Maschine die endgültige Parkposition erreicht hat.« Da musste selbst der Humorloseste von uns »Business-Kaspern« laut lachen.

Gunter Amonn, Bonn

Nach der Landung auf dem Flughafen Lyon Saint-Exupéry rollte unsere Lufthansa-Maschine an die Parkposition und stand allein auf weiter Flur. Im Mittelgang bildete sich die übliche Schlange vor dem Aussteigen. Dann kam die Durchsage des Piloten: »Herzlich willkommen in Lyon. Das Bodenpersonal streikt wieder einmal, wir bitten Sie, Ihre Sitzplätze wieder einzunehmen.« Nach 15 Minuten verkündete er: »Wir haben am Horizont einen Bus ausgemacht und hoffen, dass dies unserer ist.«

Michael Schumacher, Leinfelden

Nach dem Flug mit Aero Lloyd von Palma de Mallorca nach Düsseldorf kam die Ansage der Stewardess: »Meine Damen und

Herren, bleiben Sie bitte noch sitzen. Es hat noch niemand geschafft, vor uns das Gate zu erreichen!«

Arnd Schöttler, Heiligenhaus

Nach der Landung unseres Lufthansa-Fluges von Hamburg
nach London machte der Steward die Durchsage: »Meine
Damen und Herren, willkommen in London-Heathrow. Wir
werden Sie jetzt mit unserem neuartigen Aussteigesystem vertraut machen: Um die Reinigungszeit zu verkürzen, nimmt
bitte jeder den von ihm produzierten Müll selbst mit nach
draußen. Und der einzige gelbe Sack, den ich Ihnen anbieten
kann, ist unser hepatitisverseuchter Co-Pilot.« Danach kam
eine Ansage aus dem Cockpit – ohne erkennbaren Zusam-
menhang: »Stefan, fahr schon mal den Wagen vor.« Und eine
zweite Stimme sagte: »Mach ich, Harry.«

Jörg Plathner, Stuttgart

Nach der Landung auf dem Frankfurter Flughafen auf dem
Weg zum Gate meldete der Co-Pilot: »Meine Damen und Her-
ren, wir haben jetzt gleich die Schlaglochpiste, die sie in
Frankfurt Runway nennen, hinter uns gebracht und werden in
Kürze unser Gate erreichen. Bitte bleiben Sie noch so lange an-
geschnallt.«

Jens Müller, Neu-Isenburg

Nach der Landung des Fluges von Beirut nach Mailand mit der
Alitalia kam die Durchsage: »Alitalia und die Crew heißen Sie
herzlich willkommen in Turin! Wir hoffen, Sie hatten einen
angenehmen Flug, und wünschen Ihnen einen schönen Auf-

enthalt in Turin.« Dass der Flug wegen schlechten Wetters in Mailand nach Turin umgeleitet worden war, hatte uns die Crew bis dahin verschwiegen.

Paul Eichmann, Berlin

Nach der Landung eines dba-Fluges in Düsseldorf kam die Pilotendurchsage: »Meine Damen und Herren, wir sind soeben in Düsseldorf gelandet. Jetzt müssen wir uns nur noch einen zentral gelegenen und günstigen Parkplatz suchen.«

Jörg Stattaus, Krefeld

Vor drei Jahren bin ich an Bord einer KLM Boeing 747-Kombi, die Fracht und Passagiere transportiert, aus Los Angeles nach Amsterdam geflogen. Als wir endlich gelandet waren, wurde aus dem Cockpit mitgeteilt: »Wir bitten Sie dringend, noch sitzen zu bleiben! Wir haben kurz vor dem Abflug noch ein Stück schwere Fracht an Bord genommen – wenn Sie jetzt aufstehen und zum Ausgang laufen, würde das Flugzeug auf seine Heckflosse kippen. Darum bitten wir Sie zu warten, bis wir die Fracht ausgeladen haben.«

Karsten Qualmann, Amsterdam, Holland

Wir landeten in Düsseldorf mit einer Boeing 747 und mussten ziemlich lange warten, obwohl wir die Flughafengebäude schon in der Nähe sehen konnten. Grund war, dass die Maschine an ein Fahrzeug angedockt wurde, um in die Parkposition gezogen zu werden. Der Kommentar des Piloten dazu: »Liebe Fluggäste, wir werden jetzt die letzten Meter vom Flughafenpersonal gezogen. Es ist nicht so, dass wir das nicht selber könnten, aber wenn ich jetzt noch mal die Turbinen anwerfe, fällt denen im Flughafen die Hütte auf den Kopf.«

Christian Möller, Dortmund

Nach einem easyJet-Flug verabschiedete sich die Stewardess mit den Worten: »If you enjoyed this flight, thank you for flying with easyJet. If you didn't, thanks for flying Ryanair.« (»Falls Sie einen angenehmen Flug hatten, danke, dass Sie mit easyJet geflogen sind. Falls nicht, danke, dass Sie mit Ryanair geflogen sind.«)

Fritz Menzer, Romanshorn, Schweiz

Nach der Landung unserer Maschine in Frankfurt am Main erläuterte der Pilot, dass das Flugzeug so schwer sei wie mehrere Lkws und zudem noch sehr starke hydraulische Bremsen habe. Dann meinte er: »Bleiben Sie bitte angeschnallt sitzen, wir möchten nicht, dass Sie hier vorn im Cockpit erscheinen, ohne vorher anzuklopfen.«

Gerd Oltermann, Hamburg

Nach der Landung einer dba-Maschine in Berlin-Tegel kam die Durchsage: »Der Kapitän, der Co-Pilot und der Autopilot verabschieden sich jetzt von unseren Fluggästen und wünschen noch einen schönen Abend in Berlin oder eine gute Weiterfahrt.«

Hans-Joachim Fabry, Berlin

Nach einer besonders harten Landung unserer Maschine der Deutschen BA in Berlin-Tegel machte die Stewardess diese

Durchsage: »Meine Damen und Herren, bitte bleiben Sie so lange sitzen, bis der Kapitän die Überreste unseres Flugzeugs am Gate zum Stillstand gebracht hat.«

Stephan Meyer-Brehm, Berlin

Nach der Landung an einem Freitagabend auf dem Hamburger Flughafen rollten wir langsam ans Gate, als sich der Pilot der Lufthansa-Maschine meldete: »Achtung, eine Warnmeldung für die A7 Richtung Norden, fahren Sie äußerst rechts und überholen Sie nicht – die Crew hat Feierabend und möchte nach Hause.«

Sven Mahn, Hamburg

 **INFOBOX: Wie wird man Pilot?**

An der Lufthansa-Verkehrsfliegerschule in Bremen dauert die Ausbildung zum Verkehrsflugzeugführer rund zweieinhalb Jahre. Nach einem Jahr dürfen die Schüler erstmals über der Wüste von Arizona ein richtiges Flugzeug fliegen. Vorher wird im Simulator geprobt. Das Mindestalter für den Ausbildungsbeginn liegt bei 18 Jahren. Der mehrtägige Aufnahmetest in Hamburg ist hart: Wer eine Sehschwäche von mehr als drei Dioptrien oder Herzrhythmusstörungen hat, fliegt raus. Außerdem werden in mehrtägigen Prüfungen Mathematik- und Physik-Kenntnisse abgefragt und Kommunikation und Teamarbeit in

Rollenspielen erprobt. Bei der Lufthansa bestehen nur maximal zehn Prozent der Bewerber die Tests. Pro Jahr treten 240 bis 300 Pilotenschüler und -schülerinnen ihre Ausbildung an.

Nach der Ausbildung fliegen die frischgebackenen Co-Piloten zunächst auf europäischen Strecken – etwa mit dem Airbus A320. Das Einstiegsgehalt liegt bei rund 60000 Euro im Jahr. Später können sie dann auf die Langstrecke wechseln. Insgesamt sind rund ein Dutzend Jahre und Tausende Flugstunden nötig, um den begehrten vierten Streifen an der Uniform zu erlangen: Damit hat man dann den Job als Flugkapitän.

Warum macht der Pilot denn heute keine lustigen Durchsagen?
H&B

Bonuskapitel:

»Jetzt können Sie glücklich sterben!«

Nach der Veröffentlichung der Erstausgabe von *Sorry, wir haben die Landebahn verfehlt* im März 2010 haben uns die Leser in dreifacher Hinsicht überrascht. Zum einen natürlich mit ihrer schieren Anzahl: Wir wussten, dass Flugzeuganekdoten ein unterhaltsames Thema sind und eine solche Sammlung vorher noch nicht in Buchform erschienen war. Aber dass wir mit 500.000 verkauften Exemplaren einen Bestseller … ähem … landen würden, hätten wir nicht erwartet.

Die nächste Überraschung waren Zuschriften, in denen Leser sich ganz ohne Ironie für die »beruhigende Wirkung« der Sprüche-Sammlung bedankten. Nach der Lektüre verspürten sie erheblich weniger Angst vor dem Fliegen als vorher, schrieben sie. Weil sämtliche Anekdoten – so irrwitzig und angsteinflößend sie auch sein mögen – doch gut ausgegangen seien und jemand davon berichten konnte. Gut zu wissen, dass ein ausgefallenes Triebwerk oder ein augenscheinlich durchgeknallter Pilot nicht das Todesurteil für alle Mitfliegenden bedeuten muss.

Die dritte Überraschung war die enorme Zahl weiterer Erlebnisberichte, die in unser Mail-Postfach geflattert kamen.

Die besten davon wollen wir Ihnen nicht vorenthalten: Viel Spaß beim Lesen des (hoffentlich beruhigenden) Zusatzkapitels wünschen

Stephan Orth und Antje Blinda

In diesem Kapitel:
Neuester Irrsinn aus den Cockpits

Vor ein paar Jahren auf einem Germanwings-Flug sagte die Stewardess während der Sicherheitseinweisung: »Unter Ihrem Sitz finden Sie die Schwimmwesten. Wenn wir über Land fliegen, finden Sie an gleicher Stelle die Airbags.« Schallendes Gelächter der Passagiere, aber auch einige verdutzte Gesichter. Auf dem gleichen Flug meldete sich der Kapitän: »Wir fliegen in 30.000 Fuß Höhe, das sind in etwa zehn Kilometer freier Fall.«

Hans-Joachim Dörr, Schiffweiler

Ich arbeite am Münchner Flughafen im Terminal 2, also dem der Lufthansa. Eigentlich ist die deutsche Fluglinie ein sehr seriöses Unternehmen. Aber wie ich feststellte, scheint in der Abteilung, die die Flugnummern verteilt, ein Witzbold zu arbeiten. Die folgende Ansage wird nur vom Band abgespielt, weil wohl jeder Mensch, der ein wenig Humor hat, lachen müsste: »This is the final boarding call for your Lufthansa flight LH 2222 to Toulouse.«

Esther Hundertmark, Burghausen

Auf meinem Lufthansa-Flug von Frankfurt nach New York sagte der Pilot kurz vor der Landung: »Cabin crew, prepare for shopping – äh – landing.«

Alicia Fuente, Zürich, Schweiz

Ich war mit Austrian Airlines von Athen nach Wien unterwegs, ein wunderbar ereignisloser Flug. Allerdings spielte gleich nach der Landung die Elektronik verrückt: Sämtliche Leuchten in der Kabine blinkten wild durcheinander. Der lapidare Kommentar der Stewardess dazu: »Meine Damen und Herren, dies ist unsere neue Disco-Beleuchtung!«

Thomas Mühlfellner, Wien, Österreich

Auf einem Flug von Bremen nach Stuttgart: Über dem Stuttgarter Flughafen lag – wie so oft – Nebel, dennoch setzte der Pilot zur Landung an. Plötzlich startete er durch. Dann kam die Meldung: »Mein Höhenmesser zeigte 66 Meter an, Stuttgart liegt aber auf 100 Metern Höhe. Bevor ich den Boden weiter pflügte, bin ich lieber durchgestartet.« Nach einer Platzrunde, während der er den Höhenmesser kalibrierte – er war auf den Luftdruck über Hannover eingestellt –, landete er schließlich sicher in Stuttgart.

Werner Jüptner, Ritterhude

Wir waren auf einem Inlandflug in Kenia mit einer Douglas DC-3 unterwegs. Ich saß direkt neben einem Notausgang – und dieser öffnete sich während des Flugs. Nachdem der Steward den Ausgang verschlossen hatte, flog der Pilot zurück zu dem Mini-Flughafen in der Masai Mara. Dort wurde die Tür richtig verschlossen. Nach dem erneuten Start sagte der Pilot: »Jetzt können wir nur noch hoffen, dass das Flugzeug nicht auseinanderfällt.«

Alexandra Philipps

Eine Anekdote aus den Zeiten, in denen man manchmal das Gepäck außerhalb der Maschine identifizieren musste: Wir sitzen abflugbereit in der Maschine, als der Purser durchsagt: »Mr. Samsonite, würden Sie bitte Ihr Gepäck identifizieren?«

Gelächter. Weitere Durchsage im beleidigten Tonfall: »Er heißt tatsächlich Mr. Samsonite!«

Waltraut A. Heidenreich

Während eines Malediven-Urlaubs konnten wir mit einem Wasserflugzeug, einer Twin Otter, von Male aus auf unsere Urlaubsinsel fliegen. Der Pilot begrüßte die Passagiere freundlich und verkündete: »Wir haben zwei Informationen für Sie, eine gute und eine schlechte. Zuerst die gute: Auf dem Flug zu Ihrer Urlaubsinsel sind alle Getränke hier an Bord kostenlos! Und nun die schlechte: Wir haben gar keine Getränke an Bord!«

Lothar Brandenburg, Berlin

Auf einem Flug von Venezuela nach Frankfurt sagte der Purser: »Normalerweise lernen Sie Ihren Piloten nie persönlich kennen. Wir von Condor wollen das jetzt ändern und Ihnen im Bordmagazin unseren heutigen Piloten vorstellen. Also: Auf Seite 76 finden Sie alles, was Sie über ihn wissen wollen. Viel Vergnügen!« Auf der Seite sah man ein nacktes Model – es war eine Reklame für ein neues Herren-Parfum! Ich habe selten eine große, vollbesetzte Maschine so kollektiv lachen gehört.

Sonja Scholze

Auf dem Flug ab München im Winter 2010 meldete sich während des Anflugs auf Hamburg der Kapitän: »Meine sehr verehrten Damen und Herren, das Wetter in Hamburg ist kalt, windig, ungemütlich – quasi wie meine Exfrau!«

André Vosgrau, Norderstedt

Wir wollten 1995 von Daressalam in Tansania nach Mombasa fliegen. Ich habe Flugangst und wurde noch panischer, als ich sah, dass es sich um eine winzige Propellermaschine handelte. Zudem hingen die Kabel lose im Cockpit herum, teilweise nur mit Klebeband fixiert und ummantelt. Als ich beim Einsteigen zögerte, wollte der Pilot wissen, was denn los sei. Ich sagte, dass ich lieber nicht mit seiner Maschine fliegen wolle. Daraufhin fragte er mich ernst: »Haben Sie den Kilimandscharo gesehen?« Ich nickte. »Und haben Sie auch den Ngorongoro-Krater gesehen?« Wieder bejahte ich. Darauf strahlte er mich an: »Na dann! Sie haben all die wichtigen Dinge gesehen, jetzt können Sie glücklich sterben!« Was mich bis heute überrascht: Ich bin dann am Ende tatsächlich mit der Kiste geflogen, und wir sind wohlbehalten angekommen.

Wibke Baier, Hamburg

Eine Lufthansa-Flugbegleiterin behandelte die Gäste in der Ersten Klasse besonders »mütterlich«, was einem Passagier nicht passte. Er fragte, seit wann die Lufthansa in der Ersten Klasse Bauerntrampel als Stewardessen beschäftige. Die Antwort: »Ganz einfach: seit in der Ersten Klasse auch Bauern fliegen.« Die Fluggesellschaft beließ es bei einer Abmahnung, nachdem sich der »Bauer« offiziell beschwert hatte.

Werner Tschirk, Linz, Österreich

Auf einem Lufthansa-Flug von München nach Brüssel sagte der Pilot, nachdem das Flugzeug sehr ruppig aufgesetzt hatte: »Eine gute Landung muss man auch spüren.«

Andreas Zeitz, Augsburg

Nach Ostern 2008 befand ich mich in einem A320 von Air Berlin auf dem Flug von Nürnberg nach Rom. Launig verkündet eine Stewardess nach ihrer Standardansage: »Und nun werden Sie in wenigen Sekunden erleben, wie aus dem schnellsten Dreirad der Welt ein Flugzeug wird!«

Jens Wagner, Dresden

Auf einem Flug von Chicago nach Saskatoon in Kanada zog die kanadische Crew vom Leder. Der kleinen Maschine mit rund 50 Passagieren wurde ein Platz ganz am Ende des Terminals zugewiesen. Anscheinend war das schon oft passiert, denn nachdem wir gestartet waren und sich die Flugbegleiterin vergewissert hatte, dass keine US-Amerikaner an Bord waren, sagte sie: »So, Leute, wir haben jetzt endlich diesen verdammten Flughafen und die ganzen Arschlöcher hier verlassen, lasst uns bloß schnell weg hier. Zu blöd, dass wir heute Abend noch zurückfliegen müssen – ich wünschte, ich könnte in Saskatoon bleiben.« Der Kapitän ergänzte: »Chicago ist mein größter Alptraum, jedes Mal, wenn ich dorthin fliegen muss, ist das die reinste Bestrafung! An alle Amis, auch wenn ihr mich nicht mehr hören könnt: Ja, Kanadier benutzen tatsächlich Flugzeuge und keine fliegenden Teppiche!«

Viola Winkels, Adelebsen

Auf einem Flug mit Hamburg Airlines 2003 von Mallorca zurück nach Stuttgart: Die Piloten ließen bei der Landung die Cockpit-Tür offen. Kurz nach dem Aufsetzen der Maschine schlug die Tür, die nur von einem Gummistopper gehalten worden war, mit einem lauten Knall zu. Der Kapitän rief über den

Lautsprecher: »Scheiße, verdammte Scheiße noch mal!« Einigen Passagieren wich die Farbe aus dem Gesicht. Mit ein paar Sekunden Verzögerung kam dann die Auflösung: »Jetzt ist mir doch tatsächlich die verdammte Tür zugefallen«, sagte der Pilot.

Marc Fiedler, Ebersbach

Auf dem Flug von Hamburg nach Teneriffa gab der Pilot durch: »Liebe Fluggäste, wir befinden uns nun im Anflug auf Teneriffa. Leider werden die Kanaren gerade von einer Kaltfront heimgesucht. Dieses Schlechtwetterphänomen führt dazu, dass nicht nur die Spitze des Teide mit Schnee bedeckt ist, sondern dass es auch in den Tälern zu Schneefall kommt. Die aktuelle Temperatur beträgt 6 Grad. Eine Tageshöchsttemperatur von 7 Grad wird erwartet. Ich hoffe, Sie haben die richtige Kleidung eingepackt.« Kurz nach der Landung meldete sich eine Flugbegleiterin und wünschte bei sonnigen 23 Grad einen schönen 1.-April-Urlaubstag.

Jessica Brühning, Hamburg

Die Landung in Frankfurt am Main war sehr grob. Ein Wunder, dass das Fahrwerk nicht durch die Tragflächen stieß. Gleichzeitig haute der Kapitän Bremsen und Gegenschub rein, wir Passagiere hingen buchstäblich in den Gurten. Die Stewardess, die gegen die Flugrichtung bequemer saß, meinte nur: »Macht der Kutscher immer so. Er will die erste Ausfahrt erwischen.«

Jürgen Kühnel

Im Sommer 2010 nahm ich mit einer deutschen Neurologengruppe an einem Kongress in Toronto teil, als der isländische

Vulkan ausbrach. Zum Glück konnte eine Chartermaschine für uns aufgetrieben werden. Diese sollte jedoch nicht von Toronto, sondern von Buffalo in den USA aus starten. Der Flughafen hatte ein Gepäckband, drei Check-in-Schalter – und eine hysterische Stewardess. Abwechselnd stellte sie sich selbst auf die Gepäckwaage (um über das angezeigte Gewicht lauthals zu verzweifeln) oder spielte Luftgitarre. Informiert über unser Reiseziel Madrid, schlug sie verzweifelt die Hände über dem Kopf zusammen und kreischte: »Oh my God!«

Auch am Gate erwartete uns wieder diese Stewardess: Hier führte sie Kung-Fu-Choreografien auf, um zu demonstrieren, dass sie die Glastür verteidigen könne. Kurze Zeit später tauchte unser künftiger Pilot auf: Er ging auf die Tür zu, lief mit einem Knall dagegen, schaute verdutzt, zuckte die Achseln, hob seine Mütze auf, drehte sich um und ging wieder. Wir zweifelten an der Eignung des Personals. Es wurde dann aber doch ein erfolgreicher Flug mit Zwischenlandungen in Neufundland und auf den Azoren. Für den Heimweg von Madrid nach Frankfurt nahmen wir einen Mietwagen.

Dr. C. Mayer, Frankfurt am Main

Auf dem Stuttgarter Flughafen gab es technische Probleme mit unserem Flugzeug von Germanwings. Sicherheitshalber mussten wir über das Vorfeld in eine andere, gerade angekommene A319 umsteigen. Kurz vor dem Start sagte der Kapitän durch: »Wir möchten uns bei Ihnen für die Entschuldigung verspäten.«

Hans-Jürgen Döll-Kade, Karlstadt

In der deutschen Sprache kann man in einem Satz fast immer »wenn« statt »falls« einsetzen, aber nicht umgekehrt. Das wissen aber nicht immer alle Fremdsprachler, unter anderem nicht die Aeroflot-Flugbegleiter, die auf den Flügen nach Deutschland die Durchsagen auf Deutsch machen. So gab es während eines Flugs nach Hamburg mit einer schon älteren Tupolew-Maschine folgende Ansage: »Meine Damen und Herren, falls unser Flugzeug die geplante Flughöhe erreicht, servieren wir das Mittagessen.«

Alexei Efremenko, Büdingen

Nach einem Start in Brüssel hatte die zweimotorige Maschine erst wenige hundert Meter an Höhe erreicht. Da ging das Licht in der Kabine aus, und das Flugzeug sackte durch. Mein hinterer Sitznachbar rief »Mon Dieu!« und klammerte sich an meine Rückenlehne. Ich sah aus dem Fenster: Eines der beiden Triebwerke stand still. Wir kreisten eine Weile in geringer Höhe, ich dachte: »Michael, vielleicht ist dein Tag gekommen« und sandte eine Abschieds-SMS an meine damalige Geliebte. Nach unzähligen Platzrunden meldete sich der Kapitän zu Wort: »Meine Damen und Herren, wie Sie sehen können, ist das linke Triebwerk ausgefallen. Aber wie Sie ebenfalls sehen: Wir fliegen immer noch.« Wir könnten zwar theoretisch noch zum Zielflughafen Basel fliegen, aber die Sicherheit ginge vor. So landeten wir wieder in Brüssel, wo wir von der Flughafenfeuerwehr eskortiert wurden. Meine Geliebte konnte ich kurz darauf beruhigen, dass ich ihr wohl noch länger erhalten bleibe.

Michael Stadthaus, Stuttgart

Vor dem Start eines Fluges von Miami nach München: In der Kabine war es durch die Außenluft, die ins Flugzeug strömte, extrem heiß. Der Pilot machte folgende Durchsage: »Sehr geehrte Damen und Herren, wir müssen erst unsere Triebwerke starten, bevor wir die Heizung einschalten können. Bitte haben Sie noch etwas Geduld.« Einige Passagiere runzelten die Stirn schon voller Panik, dass es noch heißer werden sollte, als der Pilot fröhlich hinzufügte: »Ich meinte natürlich die Klimaanlage.«

Anonym

Auf einem Flug von Paderborn/Lippstadt nach Mallorca begrüßte der Pilot die Fluggäste so: »Ding, Dong, Dong. Guten Morgen meine Damen und Herren, es ist zehn vor fünf an diesem wunderschönen Morgen, und es sind jetzt schon alle Mann an Bord. Eigentlich sind wir startbereit, aber aufgrund des Nachtflugverbotes dürfen wir erst ab 5 Uhr starten. Sagen wir es also so: Ahden (ein kleines Dorf am Flughafen) schläft noch, aber nicht mehr lange!«

Ladina Wilger, Paderborn

In einem Jumbojet, der von Frankfurt Richtung Peking abheben sollte, wurde die Startverzögerung mit folgender Durchsage angekündigt: »Wenn Sie aus dem Fenster schauen, sehen Sie unsere Ingenieure für Sie auf den Flügeln arbeiten.« Mit anderthalb Stunden Verspätung rollte die Riesenmaschine schließlich los. Nach wenigen Metern trat der Pilot mit aller Wucht auf die Bremse und sagte durch das nicht abgeschaltete Mikrofon: »Verdammt noch mal, jetzt haben wir das Catering vergessen!«

Waltraut A. Heidenreich

Als ich acht Jahre alt war, bin ich mit meiner Familie und rund 250 anderen Passagieren im Flugzeug nach Australien geflogen. Kurz vor dem Ziel kam die Durchsage: »Heute werden wir neben der Landebahn landen, weil ich es mag, wenn der Staub hinten hochgewirbelt wird.« Da wurde uns allen ein bisschen bange – und der Pilot hat tatsächlich neben der Landebahn aufgesetzt.

Niklas Röpke, Kopenhagen, Dänemark

Nach einem halben Jahr Auslandseinsatz im Kosovo kam der langersehnte Rückflugtag. Das Einchecken und alle Kontrollen verliefen reibungslos. Nach dem Boarding setzte sich das Flugzeug in Bewegung. Der Airbus A310 rollte auf einem Zubringerweg parallel zur Startbahn mit normaler Geschwindigkeit. Plötzlich drehten die Turbinen hoch, eine starke Beschleunigung war spürbar. Die Passagiere wurden nervös: »Wir sind doch noch gar nicht auf der Startbahn, oder?« In dem Moment sagte der Pilot über Lautsprecher ganz Bundeswehr-mäßig kurz und knapp: »Festhalten! Wir starten!« Direkt nach diesem Satz schoss die Maschine in einer 180-Grad-Linkskurve auf die Startbahn, so schnell, dass es sich anfühlte, als ob wir über den Asphalt schlittern würden. Der letzte Abschnitt des Starts verlief dann aber ganz normal, nur mit dem Unterschied, dass wir eine sehr viel kürzere Startbahn-Strecke brauchten als sonst. Vermutlich hatte der Pilot genauso große Sehnsucht, nach Hause zu kommen, wie wir.

Oliver R., Oberönz, Schweiz

Während eines Landeanflugs auf Zürich spätabends regnete es heftig. Wir kamen gerade aus einem Urlaub auf den Malediven zurück. Der Pilot meldete sich mit Schweizer Dialekt aus dem Cockpit: »Ich habe eine gute und eine schlechte Nachricht für Sie. Die schlechte: Das Wetter in Zürich ist zum Davonlaufen! Die gute: Gleich morgen früh öffnen die Reisebüros wieder. Es gibt ja noch viele tolle Orte, wo man Urlaub machen kann, odrrr?!«

Melanie Villing, Konstanz

Während des zweiten Golfkrieges saßen wir in der Business Class von Delhi nach Frankfurt. Die Klasse lag in einer zweiten Ebene, unmittelbar hinter dem Cockpit. Der Steward kam heraus und sagte: »Was ich Ihnen jetzt erzählen werde, wissen die Passagiere in der Economy nicht: Wir haben eine Bombenwarnung und nehmen sie ernst.« Die Maschine befand sich bereits im forcierten Sinkflug. Ich fragte: »Entschuldigung, aber wo werden wir landen?« »In Teheran.«

Der Flugbegleiter führte uns dann in die Erste Klasse, die komplett leer war, und sagte, dass wir die Ersten sein würden, die die Maschine verlassen. Es hinge von uns ab, ob hinter uns Panik entstünde. »Gehen Sie sehr langsam, und denken Sie daran, dass das für die Economy-Passagiere lediglich ein technischer Stopp ist. Aber sobald Sie auf dem Boden sind... RENNEN SIE!«

In Frankfurt, wo meine Eltern uns abholen wollten, wurde das Flugzeug bis fünf Minuten vor der geplanten Ankunft als »pünktlich« ausgewiesen und verschwand dann von der Anzeigetafel. Wir verbrachten etwa fünf Stunden auf dem Flughafen von Teheran und erreichten Frankfurt mit sechs Stunden Verspätung.

Jens Burkhardt

Kurz vor den Anschlägen des 11. September flog ich mit meinem siebenjährigen Sohn von Hamburg via Frankfurt nach Cancún. In Frankfurt starteten wir erst mit einer Verspätung von sieben Stunden. Die Begründung: defekte Hydraulik. Auf Reiseflughöhe fragte ich während eines Cockpitbesuchs beim Kapitän nach. Er sagte: »Ach, wissen Sie: Die Alarmleuchte der Hydraulik hat dauernd geblinkt. Bei Aeroflot würden sie die Warnleuchte wechseln, wir haben die Hydraulik ausgetauscht.«

Roland Henning, Hamburg

Nach dem Start in Honolulu gab der Kapitän durch: »Hi Leute, wenn die Passagiere auf der linken Seite nach links schauen, sehen sie den Waikiki Beach. Die Passagiere auf der rechten Seite sehen die Passagiere auf der linken Seite.«

Michael Koewing, Bad Aibling

Im Oktober 2011 wurde unser Rückflug von Punta Cana in der Dominikanischen Republik nach Frankfurt gestrichen. In der vorgesehenen Maschine hatte es Probleme mit einem randalierenden Passagier gegeben. Der Mann war wohl stark alkoholisiert, zertrümmerte an Bord den Laptop eines Mitreisenden und wurde gegenüber den Stewardessen handgreiflich. Die Crew legte auf den Azoren einen Zwischenstopp ein, um den Randalierer in Handschellen abzuführen. Als wir am nächsten Tag dann in dieser Maschine in Richtung Heimat saßen, machte der Pilot kurz vor dem Start folgende Durchsage: »Wir haben das Monster auf den Azoren abgesetzt.«

Julia Barden, Frankfurt am Main

Auf einem Flug von Bangkok nach Singapur saß ich in der ersten Reihe und sah, wie eine Stewardess die Tüte einer großen Fast-Food-Kette in der Bordküche verstaute. Als sie meinen Blick bemerkte, grinste sie und sagte: »Sie kennen nicht den heutigen Speiseplan, aber ich kenne den Koch.« In der Tüte war übrigens ein Burger, den sie während des Steigflugs verdrückte.

Kai Bergheim

Nach der Landung rollte das Flugzeug von Turkish Airlines aus München langsam zum Terminal. Aus den Lautsprechern kamen türkische Durchsagen und dann plötzlich auf Deutsch: »Meine Damen und Herren, wir haben ein Problem und bereiten uns auf eine Notwasserung vor. Bitte ziehen Sie Ihre Schuhe aus...« und so weiter. Die vielen Passagiere an Bord, die Deutsch verstanden, guckten aus dem Fenster auf die Betonpiste und hörten dann grinsend weiter zu. Die Stewardessen hatten das falsche Ansageprogramm aktiviert und – weil keine von ihnen Deutsch sprach – die Ansage bis zum Schluss abgespielt.

Claus-D. Binder, Ebersberg

Auf einem Flug von München nach Hamburg sagte der Flugbegleiter: »Meine Damen und Herren, wir sind soeben 20 Minuten vor der geplanten Zeit in Hamburg gelandet. Wir bitten Sie, dies für Ihre zukünftigen Flüge mit uns im Kopf zu behalten: Damit haben wir 20 Minuten bei Ihnen gut.« Ein Passagier beim Aussteigen zum Flugbegleiter: »Mit meinem Hinflug sind wir jetzt quitt.«

Christoph Knödler, Hamburg

Während meines ersten Hubschrauberfluges von Koblenz ins Saarland saß ich neben dem Piloten und bewunderte die unter uns liegende Landschaft: Mosel, Hunsrück, Wälder, Städte, Dörfer. Auf einmal war die Szenerie völlig verändert: Panzerspuren waren zu sehen und zerstörte Häuser. Ich fragte über Mikrofon beim Piloten nach. »Das ist das Truppenübungsgelände Baumholder«, erklärte er. »Was?«, dachte ich und erinnerte mich an meine Wehrpflichtzeiten, wo ich genau hier bei der Artillerie gedient und zig ballistische Munitionsgeschosse per Panzerhaubitze durch die Luft befördert hatte. Die Flughöhe unseres Hubschraubers war ideal für diese Geschosse. »Sind wir hier sicher?«, fragte ich. »Keine Bange, am Sonntag schießen die hier meist nicht«, sagte der Pilot.

Hans-Peter Frohberger, Otterberg

Auf einem Flug mit easyJet von Brüssel nach Berlin-Schönefeld kündigt die gutgelaunte Crew den Bordverkauf an: »Wir freuen uns, Ihnen auch heute wieder eine reichhaltige Auswahl an Tabakwaren, Alkoholika, Parfums und Lebensversicherungen anbieten zu können.«

René Steinberg, Bad Vilbel

Auf einem Rückflug von Fuerteventura nach München mit Hapag-Lloyd streikten mal wieder die Fluglotsen in Spanien. Nach stundenlangem Warten durften wir endlich boarden. Sobald der Letzte zugestiegen war, wurden die Türen geschlossen und wir rollten an. Dann stoppte das Flugzeug, und der Kapitän sagte in schönstem Bayrisch: »Wenns ihr eich etz net auf drei alle mitanand auf eire Antenoarsch highockt habts, dann ist der Slot zu, und mir kenna hier übanachtn!« Jeder beeilte sich, und als sich wirklich alle hingesetzt hatten, waren wir schon fast in der Luft.

Über Marokko kam dann die Durchsage: »Damit wir überhaupt noch eine Chance haben, bevor die uns München zusperren, fliegen wir heut' mal ausnahmsweis' Luftlinie, also schnurstracks übers Mittelmeer und Genua und nicht über Spanien.« Etwa zwei Stunden später: »Es langt doch nicht ganz, wir haben zu viel Gegenwind. Ich hab' denen im Tower jetzt gesagt, dass uns deswegen das Benzin bis Frankfurt nicht reicht und wir auf jeden Fall in München landen müssen.« Erleichterter Applaus. Schade, dass es diesen Ferienflieger nicht mehr gibt.

Franz Hegele, Grasbrunn

Mitte der Neunziger in einer Eurowings-Maschine von Dortmund nach Dresden. Der Landeanflug führte durch ein ungewöhnlich heftiges Unwetter, zum Teil mit Hagel. Die Flügelspitze war von der Kabine aus schon nicht mehr zu sehen, und heftige Turbulenzen schüttelten die ATR 72. Die Stewardess lief durch die Reihen, um zu überprüfen, ob alle angeschnallt waren. Sie kämpfte sich bis zur Hälfte der Maschine durch, blieb dann neben meinem Platz stehen und sagte resigniert: »Ach, hinten werden schon alle angeschnallt sein – sonst würden sie bereits über den Sitzen schweben.«

Jens Wagner, Dresden

In der Holzklasse sammelt die Stewardess die leergefegten Tabletts nach dem Essen ein. Sie hält in den Armen schon an die zehn Tabletts, als ihr ein Passagier noch eins aufladen will. Worauf sie sagt: »Wenn Sie mir jetzt noch einen Besen in den Po stecken, kann ich den Boden auch gleich sauber machen.«

Werner Tschirk, Linz, Österreich

Auf einem Flug von Mataram auf der Insel Lombok in Indonesien nach Singapur hatten die Piloten der Silk-Air-Maschine offenbar ausgezeichnete Laune. Zur Begrüßung stellte der Pilot sich und seinen Copiloten vor, gefolgt von dem Kommentar: »Er hätte sich auch selbst vorstellen können, aber er leidet unter schrecklicher Flugangst und sitzt da wie versteinert.« Anschließend stellte der Pilot die Kabinencrew vor – als Letzte die Chefstewardess mit den Worten: »Und die hübsche junge Dame im orangefarbenen Kleid ist Susann, Ihre Chefstewardess. Aber das brauchen Sie sich nicht merken, ich werde sie die ganze Zeit im Cockpit behalten.«

Während des Fluges gab es ein paar kleinere Turbulenzen, die der Kapitän mit der üblichen Aufforderung ankündigte, sich zu setzen und anzuschnallen, ergänzt um den Satz: »Kabinenpersonal, bitte Essenausgabe und Reinigung vorbereiten.« Wenig später meldete er sich mit der Durchsage: »Hier ist das Cockpit – wir verhungern! Entweder wir bekommen jetzt was zu essen, oder wir halten am nächsten Drive-in-Schalter, den wir sehen.«

Nach einer etwas heftigeren Turbulenz meldete sich das Cockpit erneut. »Hier spricht Ihr Copilot. Keine Sorge wegen der Hüpfer – der Pilot versucht gerade, das Flugzeug mit dem Bauch zu steuern, während er isst.« Kurz vor der

Landung kamen dann die Wetterinformationen, in Singapur herrschte monsunartiger Regen. Kommentar des Piloten: »Das ist gut. Dann muss ich wenigstens nicht den Flieger putzen.«

Kai Bergheim

In einer Maschine von Zürich nach Hamburg. Der Kapitän begrüßte die Passagiere auf Deutsch mit französischem Akzent: »Meine Damen und Herren, ich begrüße Sie auf dem Flug nach, äh, Moment, wohin fliegen wir? Ah genau, Hamburg. Es fliegt Sie mein Copilot Herr, äh, wie heißen Sie?« Der Flug verlief allerdings problemlos.

Thomas Fischer, Zürich, Schweiz

Im Januar sind wir von Istanbul nach Paris geflogen. Paris-Orly war total verschneit, und es gab Bodennebel. Als wir durch die Kabinenfenster die Landebahn sehen konnten, ertönte ein ohrenbetäubender Lärm im Flugzeug – der Kapitän startete durch. Mir fiel das Herz in die Hose.

Nach etwa 10 bis 15 Minuten Kreisen leitete der Pilot ein zweites Landemanöver ein, musste aber erneut durchstarten. Nach circa 45 Minuten in der Luft mit ständigem Kreisen meinte der Pilot, nun sei die Landebahn leer gefegt worden, und wir könnten sicher aufsetzen. Als die Piste beim dritten Landemanöver zu sehen war, hörten wir über Bordlautsprecher ein Fluchen des Piloten: Die Franzosen seien wohl besoffen, wenn sie das unter Leerfegen verstünden. Schließlich gelang eine butterweiche Landung.

Wir mussten dann noch 30 Minuten im Flugzeug warten,

bis ein Flugsteig zugänglich war. Der Pilot sagte: »Wenn das Bodenpersonal seine Schneeballschlacht zu Ende bringen würde, könnte sicherlich auch unser Gepäck aus dem Flugzeug auf das Beförderungsband gebracht werden.« Tatsächlich konnten wir zusehen, wie sich draußen mindestens 20 Männer des Bodenpersonals mit Schneebällen bewarfen.

Barbaros Gecer, Istanbul

Zwei ältere Damen mit fränkischem Akzent sorgten auf einem Flug von München nach Lissabon für beste Stimmung. Als wir bereits zur Startbahn rollten, fragte eine der Damen die Gangnachbarin gegenüber, ob sie wohl auch nach Lissabon flöge?

Später in der Luft, als wir bereits Getränke serviert bekommen hatten, flog der Pilot eine Kurve. Die Dame hinter mir nahm ihre Bordliteratur und schlug mir auf den Kopf mit der Bemerkung, ich solle doch nicht so wackeln, ihr Kaffee würde überschwappen. Ich konnte ihr nicht böse sein, schließlich sorgte sie für Unterhaltung!

Georg Meßner, Moosburg

Als wir mit einer Maschine der Swiss von Hannover nach Zürich flogen, hörten wir aus dem Cockpit folgenden Hinweis: »Sehr geehrte Damen und Herren, an Bord dieses Flugzeuges herrscht absolutes Rauchverbot! Das gilt auch für Toiletten. Das Manipulieren des Rauchmelders auf den Toiletten ist ebenfalls verboten!«

Carina Oldhafer, Cuxhaven

Bei einem Flug vor Jahren mit der Deutschen BA von Berlin nach München machte der Pilot seine übliche Durchsage, dass die Reiseflughöhe erreicht sei, und wies dann auf das schöne Wetter und den wunderbaren Blick auf die Stadt hin. Der Rest ging im Knarren und Rauschen der Sprechanlage unter. Vor mir fragte eine Frau die Stewardess, welche Stadt das denn nun sei, die man da unten sehen kann: Sie antwortete lächelnd: »Istanbul«. Nach einer beiderseitigen Schrecksekunde lief sie zum Cockpit und kam dann zurück, um uns zu sagen, dass es doch Chemnitz sei.

Steffen Kurz, Frankfurt am Main

Flug von Frankfurt nach Göteborg: Der Pilot kündigte an, es würde wegen Turbulenzen etwas holprig werden. In Göteborg herrschte Sturm, und die A320 ging schwankend in alle Richtungen, gefühlt Hunderte Meter auf einmal runter. Kinder begannen zu schreien, und ich wurde vermutlich grün im Gesicht. Beim Verabschieden sah ich den Piloten grimmig an, doch der lachte nur und sagte: »Ach seien Sie nicht so, was soll ich denn da sagen? Ich muss jetzt die Karre wieder heimfliegen!«

Karena John, Langen

Im März 2009 war ich mit meiner Band auf einer Tournee innerhalb von vier Tagen 14.000 Kilometer durch Russland geflogen. Auf dem Rückflug von Moskau nach Berlin waren einer meiner Kollegen und ich durch das Schlafdefizit der letzten Tage ziemlich albern. Wir kicherten wie frühpubertäre Mädchen, jubelten lautstark über die wundervolle Wolkenlandschaft unter uns und spielten Szenen aus den *(T)Raumschiff-Surprise*-Sketchen nach. Kurz vor dem Landeanflug auf Berlin kam die nüchterne Durchsage, dass es zu starken Turbulenzen komme und die Landung härter werden könnte, man solle sich jedoch keine Sorgen machen. Wir zwei verpassten in unserem Kicherdelirium diese Ansage komplett (ich weiß davon nur durch die spätere Erzählung der anderen Bandmitglieder). Als der erste Höhenverlust kam, machten wir zu zweit eine La-Ola-Welle und riefen in bester *(T)Raumschiff- Surprise*-Manier: »Noch einmal! Noch einmal!«

Unser Wunsch wurde erhört, ganze sieben Mal. Jedes Mal schien das Absacken des Flugzeuges stärker zu werden. Bald wurden sogar wir etwas skeptisch, denn wir waren die Einzigen im Flugzeug, die noch redeten. Abgesehen von einem Passagier hinter mir, der uns leise verfluchte. Beim nächsten Luftloch sagten wir dann, die Hände in die Luft werfend: »Hui, jetzt reicht's aber.«

Danach kam die Landung, bei der es endlich auch uns die Sprache verschlug. Ich möchte mich an dieser Stelle bei den Passagieren und Crewmitgliedern entschuldigen, denen wir mit Sicherheit den letzten Nerv raubten.

Stefan Sacharjew, Berlin

Vor Jahren auf einem Flug von Dubai über Amsterdam nach London sagte der Kapitän: »Meine Damen und Herren, die aktuellen Wetterberichte kündigen einen dichten Nebel über Amsterdam an. Eventuell müssen wir direkt nach London fliegen. Wir halten Sie auf dem Laufenden.« Eine Weile und diverse Manöver später gab es einen heftigen Rums, die Turbinen heulten im Umkehrschub auf. Der Pilot: »Meine Damen und Herren, wie Sie vielleicht bemerkt haben, sind wir gelandet. Nun müssen wir nur noch herausfinden, wo!«

Klaus Frielingsdorf, Songkhla, Thailand

Interview mit dem Flugpsychologen Reiner W. Kemmler: »Ein bisschen mehr Humor wäre schön«

Wie gefährlich sind Kommunikationspannen in Flugzeugen? Was sollte ein Pilot den Passagieren sagen und was nicht? Im Interview erklärt Psychologe Reiner W. Kemmler, was Flugprofis von dem römischen Feldherr Julius Cäsar lernen können – und berichtet von seinem lustigsten Flugerlebnis.

Frage: Herr Kemmler, warum fällt es Piloten schwer, in schwierigen Situationen die richtigen Worte gegenüber den Passagieren zu finden?

Reiner W. Kemmler: Die Cockpitarbeit zeichnet sich durch eine ganz bestimmte Kultur aus. Die Kommunikation zwischen Pilot und Co-Pilot muss offen, kritisch und zu hundert Prozent ehrlich sein. Wird das nicht eingehalten, wird es gefährlich. Wenn Sie jedoch als guter, braver Cockpit-Mitarbeiter auch mit den Passagieren ganz ehrlich kommunizieren, dann haben Sie ein Problem.

Frage: Ist es zu viel Ehrlichkeit, wenn ich als Pilot sage: »Da stand ein A380 auf der Landebahn, deshalb musste ich durchstarten«?

Kemmler: Das würde ich als Kapitän niemals sagen, weil sich dann jeder denkt: »Mann, haben wir Glück gehabt.« Manche Piloten glauben aber, dass sie durch die ausführliche Schilderung einer solchen Situation einen besonders professionellen und kompetenten Eindruck machen. So nach dem Motto: »Herr Lehrer, im Klo war das Licht noch an, aber ich hab's schon ausgemacht.«

Frage: Reine Prahlerei also, wie toll man die Situation im Griff hat?

Kemmler: Ein junger, dynamischer Co-Pilot, der gerne zeigt, was er kann, spricht vermutlich anders als ein älterer Kapitän, der mit sonorer Stimme sagt: »Wir haben durchgestartet, das haben Sie alle gemerkt. Wir landen zehn Minuten später und bitten Sie um Verständnis.«

Frage: Ein Pilot ist nicht verpflichtet, den Passagieren jedes Notlämpchen oder jede bevorstehende Turbulenz zu melden. Was muss kommuniziert werden?

Kemmler: Zum Beispiel wenn eine Notlandung bevorsteht und die Crew den Passagieren konkrete Handlungsanweisungen geben muss – Schuhe ausziehen, ein Kissen nehmen, die Sauerstoffmaske überziehen. Sonst bräuchte man eigentlich nicht zu kommunizieren. Natürlich ist es aber gut, wenn der Kapitän etwa Turbulenzen vorher ankündigt und alle bittet, sich anzuschnallen. Aber schon da kann man viel falsch machen.

Frage: Zum Beispiel?

Kemmler: Wenn er sagt: »Meine Damen und Herren, Sie haben gemerkt, es wackelt ein wenig, aber Sie brauchen keine Angst zu haben. Wir umfliegen das Gewitter.«

Frage: Klingt doch so weit ganz vernünftig.

Kemmler: Eben nicht. In dem Moment, wo Sie »keine Angst« oder »keine Sorge« sagen, setzen Sie in den Köpfen genau das in Gang, was Sie nicht wollen. Leuten, die latent Angst haben, genügt das Stichwort, und sie klammern sich am Sitz fest. Als Pilot müssen Sie so reden, dass die Passagiere immer ein positives Bild von der Situation haben – doch das wird in der Cockpit-Ausbildung nicht geschult.

Frage: Und wie sollte man den Satz richtig sagen?

Kemmler: Bevor ich diese Nachricht weitergebe, würde ich erst mal die Flugbegleiter bitten, darauf zu achten, dass alle angeschnallt sind. Dann würde ich so etwas sagen wie: »Wir umfliegen die vor uns liegende Gewitterfront und verlieren dadurch fünf Minuten, aber die holen wir locker wieder rein.«

Frage: Wenn es mal wirklich kritisch wird in der Luft – hat dann der Kapitän nicht andere Sorgen als die perfekte Wortwahl?

Kemmler: Wenn die Piloten etwa ein Durchstartmanöver fliegen, haben die alle Hände voll zu tun und können nicht sofort und mit optimaler Einstellung auf die Kundschaft kommunizieren. Auch untereinander redet man da nur noch in »Cäsarsprache«: Veni, vidi, vici, ganz kurze, klare Sätze.

Frage: Müssten dann nicht die servicegeschulten Flugbegleiter für die Beruhigung der Passagiere sorgen?

Kemmler: Nun, im Notfall muss auch die Kabinenbesatzung umschalten auf Krisenkommunikation. Das geht nur noch in Militärsprache. Wenn eine Notlandung bevorsteht, können die keine Rücksicht mehr nehmen auf individuelle Befindlichkeiten. Das wirkt auf manche Fluggäste sehr irritierend, weil sie vorher so liebevoll umsorgt wurden.

Frage: Nehmen wir doch mal an, ein Pilot stellt einen schweren Schaden fest und bereitet sich auf eine Notlandung vor. Wie sollte er es den Passagieren sagen?

Kemmler: »Meine Damen und Herren, wir haben einen Triebwerkausfall und werden in einer Viertelstunde notlanden.« Sie müssen klar kommunizieren, ohne Begründungen, ohne Andeuten von möglichen Folgen. Nicht nur aus Zeitgründen, sondern auch, weil die Leute sich sonst mehr Gedanken machen und dann nicht mehr so konzentriert sind.

Frage: Wie wichtig ist die Stimmlage?

Kemmler: Wenn Sie mit piepsiger Stimme reden, löst das Angst aus, weil jeder weiß, dass die Stimme unter Stress höher wird. Ein erfahrener Pilot wird in vielen Fällen mit einer tieferen Stimme reden als ein unerfahrener. Berühmt sind Funksprüche des Testfliegers und Militärpiloten Chuck Yeager. Der hat, als ihm bereits die Maschine um die Ohren flog, mit sonorer Stimme gemeldet: »I've got a problem here.« Das sind dann die echten Meisterflieger. So etwas kann man von einem jungen, unerfahrenen Piloten nicht erwarten.

Frage: Wie werden Ansagen in der Ausbildung trainiert?

Kemmler: Es gibt spezielle Seminare, wo Piloten mit Profi-Sprechern und Schauspielern ihre Ansagen trainieren. Sie können das auch im Simulator üben. Doch auf die eigenen Emotionen während eines Notfalls kann man sich nur schwer vorbereiten.

Frage: Noch wichtiger als die kundenfreundliche Ansprache der Passagiere ist für die Sicherheit vermutlich, dass Pilot, Co-Pilot und Tower effizient kommunizieren.

Kemmler: Da gibt es phantastische Geschichten über missverständliche Kommunikation. Der Pilot bittet um die Starterlaubnis, der Tower-Mitarbeiter will wissen, an welchem Gate das Flugzeug ist. Er fragt: »Where are you sitting?« – »Wo sitzen Sie?« – und erhält als Antwort: »I'm sitting left in front of the aircraft.« – »Ich sitze vorne links im Flugzeug.« Das ist echt passiert.

Frage: Wie gefährlich sind Kommunikationspannen für die Luftfahrt?

Kemmler: In einer Studie mit 2000 Piloten haben wir herausgefunden, dass die Hauptfehlerkombination, die zu kritischen Situationen führt, so aussieht: Zunächst gibt es von den Piloten nicht beeinflussbare operationale Umstände, wie zum Beispiel das Wetter. Dazu kommt ein Fehler eines Cockpit-Mitarbeiters und dann als Turbo-Faktor eine misslungene Verständigung. Die vervielfacht die Gefährlichkeit der Situation um ein Fünffaches. So entstehen fast 40 Prozent aller kritischen Situationen.

Frage: Müsste Kommunikation noch stärker geschult werden in der Ausbildung?

Kemmler: Da müsste wesentlich mehr getan werden. Die interpersonale Verständigung ist bis heute nicht so gut geregelt wie der Umgang mit der Maschine. Da gibt es keine Checklisten. Zwar gibt es Regeln und Trainings, aber keine Prüfungen, bei denen man durchfallen könnte. Dabei müssten unbedingt auch die Kommunikationsfähigkeiten der Crew-Mitglieder beurteilt werden. Wogegen sich die Piloten wehren, denn ihre Stärke liegt im technischen Bereich.

Frage: Manche Piloten haben trotzdem reichlich Humor. Vor allem bei amerikanischen und australischen Fluglinien hört man erheblich öfter lustige Ansagen der Mitarbeiter als bei europäischen – woran liegt das?

Kemmler: Das ist ein kultureller Unterschied. Dort herrscht eine Lässigkeit, die für uns Mitteleuropäer sehr angenehm und entspannend ist.

Frage: Was war Ihr lustigster Flug?

Kemmler: Ich kann mich an einen Flug mit Southwest Airlines von Phoenix nach Los Angeles erinnern. Da versprach die Crew erst, dass wir auf jeden Fall pünktlich ankommen würden. Dann deutete sich aber doch eine Verspätung an, und der Flugbegleiter bot an, zur Entschädigung für ein bisschen Unterhaltung zu sorgen. Er fing an, einen Blues-Song zu trällern und tanzte dazu, und die Leute waren hin und weg. So etwas könnte man sich hierzulande nicht vorstellen.

Frage: Ist das nicht zu viel Humor für flugängstliche Passagiere?

Kemmler: Solche Slapstick-Einlagen können Sie in unserer Kultur einfach nicht bringen. Denn manche, die Angst haben und sich völlig verklemmt in den Sitz zwängen, denken dann, sie würden nicht ernst genommen. Humor im Flugzeug sollte nie zu hintersinnig oder intellektuell sein, sondern sich auf einer einfachen Ebene abspielen. Sonst fühlen sich diejenigen, die den Witz nicht verstehen, auf den Arm genommen. Trotzdem: Ein bisschen mehr Humor in Flugzeugen wäre schön.

Frage: Gerade bei so Standards wie der Sicherheitseinführung freut man sich doch als Vielflieger, wenn es mal ein bisschen Abwechslung gibt.

Kemmler: Wenn Worte heruntergerattert werden, haben sie keine Wirkung. Normabweichungen sind immer gut. Selbst wenn der Ansagentext standardisiert ist, hätte man noch den kleinen Spielraum, vorher zu sagen: »Und jetzt kommt eine besonders interessante Ansage, ich kann es Ihnen versprechen«, und dann kommt die völlig normale Standarddurchsage. Aber die Leute sagen: »Das hat er aber nett gemacht.«

Frage: Eine Normabweichung der eher misslungenen Art war diese Durchsage: »Hier leuchtet eine rote Lampe, ich habe keine Ahnung, was das bedeutet, deshalb kehren wir um.« Braucht so ein Pilot Nachhilfe in Sachen Krisenkommunikation?

Kemmler: Das ist genau dieser Kulturunterschied zwischen Cockpit und Passagieren: Der Pilot ist komplett ehrlich. Und will mit dem Satz ausdrücken, dass er extrem sicherheitsorientiert ist und den Passagieren zuliebe kein Risiko eingeht: »Für euch tu ich alles, für euch kehr ich um.« Aber das wird keiner der Passagiere so verstehen.

Zur Person: Reiner W. Kemmler

Der Diplom-Psychologe Reiner W. Kemmler, Jahrgang 1940, war leitender Referent für Luftfahrtpsychologie bei der Lufthansa. Seine Forschungsschwerpunkte sind Flugunfallanalysen, Trainings- und Therapieprogramme für Piloten sowie die Rehabilitation und Prävention gesundheitlicher Störungen bei fliegendem Personal. Er betreibt eine flugpsychologische Praxis in Mörfelden bei Frankfurt.

Internet-Tipps

www.spiegel.de/pilotensprueche
Homepage von »Sorry, wir haben die Landebahn verfehlt« bei
SPIEGEL ONLINE, auf der die Einsendungen von Lesern zu
ihren Erlebnissen mit Flugreisen veröffentlicht werden.

Information für Passagiere

- www.spiegel.de/reise
  Reise-Ressort von SPIEGEL ONLINE
- www.lba.de
  Das Luftfahrt-Bundesamt (LBA) gibt offizielle Informationen
  über Flugsicherheit, Rechte von Fluggästen, Schweine-
  grippe etc.
- ec.europa.eu/transport/air-ban/list_en.htm
  Liste unsicherer Fluglinien mit Flugverbot in der EU
- www.seatguru.com (auf Englisch)
  Pläne aller gängigen Flugzeugtypen, auf denen die besten
  Sitzplätze markiert sind
- flightaware.com/ (auf Englisch)
  Live-Flugdaten Tausender Flugzeuge

- www.aerosecure.de
  Portal zur Luftfahrtsicherheit. Bietet Nachrichten, Tipps und gegen Gebühr Sicherheitsprofile von 250 Fluggesellschaften weltweit.
- www.jacdec.de (auf Englisch)
  Das Hamburger Jet Airliner Crash Data Evaluation Centre listet alle Flugzwischenfälle auf, erstellt Statistiken und verschickt gegen Gebühr Sicherheitschecks von Fluggesellschaften (auf Englisch).
- www.airdisaster.com (auf Englisch)
  Statistiken und Berichte zu Flugzeugunglücken
- www.aviation-safety.net (auf Englisch)
  Umfangreiches Archiv zu Flugzeugunglücken von 1943 bis heute
- dir.salon.com/topics/p_smith/ (auf Englisch)
  »Ask the Pilot«-Kolumne des Flugkapitäns Patrick Smith, der Antworten auf häufig gestellte Fragen zur Fliegerei gibt

Information aus der Branche

- www.vcockpit.de
  Internet-Auftritt der Pilotengewerkschaft »Vereinigung Cockpit« mit Flugzeug-News und Infos zur Pilotenausbildung
- www.airliners.de
  Luftfahrtportal mit Nachrichten zur Branche, Berufsmarkt, Terminen und einem Forum
- www.airlinecrew.net (auf Englisch)
  Diskussionsforum für Crew-Mitarbeiter mit teils höchst amüsanten Anekdoten

Amüsantes

- www.gadling.com/category/galley-gossip (auf Englisch)
  Berichte aus dem Alltag einer Flugbegleiterin
- flyfudpucker.com/glossary.htm (auf Englisch)
  Unterhaltsame Nonsens-Erklärungen von Fachausdrücken
  aus der Welt der Fliegerei
- stuffucanuse.com/airport/airport-announcement.htm
  (auf Englisch)
  Höchst amüsante Ansagen am Flughafen
- www.isthisyourluggage.com (auf Englisch)
  Website der Künstlerin Luna Laboo, die verlorenes Flug-
  gepäck sammelt
- www.addictinggames.com/heroonthehudson.html
  Die Notwasserung auf dem Hudson-River zum Nachspielen
  am Computer
- www.weewilliewalsh.co.uk/
  British-Airways-Chef Willie Walsh versucht, das Chaos am
  Terminal 5 zu bewältigen – ein Computerspiel

Danksagung

Wir danken folgenden Personen, die uns angeregt und uns bei der Erstellung des Manuskripts unterstützt haben: Andrea Jonischkies, Carolin Reintjes, Maximilian Schäfer, Peter Wetter und Angelika Mette.

Und natürlich danken wir ganz besonders den vielen Lesern von SPIEGEL ONLINE, die uns ihre Beiträge zur Verfügung gestellt haben. Mit ihnen haben wir die Copyright-Fragen geklärt, soweit es möglich war.

Nicht erreichte oder erwähnte Verfasser werden gebeten, sich unter pilotensprueche@spiegel.de zu melden. Wir übernehmen keine Verantwortung für die Richtigkeit der mit Namen gekennzeichneten Beiträge.

Antje Blinda und Stephan Orth

»Unser Snackverkäufer bietet Ihnen nun Sex und heiße Getränke an!«

Antje Blinda / Stephan Orth

SORRY, WIR HABEN UNS VERFAHREN

Kurioses aus der Bahn

ISBN 978-3-548-37436-9
www.ullstein-buchverlage.de

Wirre Durchsagen, verfehlte Bahnhöfe, nervige Mitreisende: Wer viel mit der Bahn unterwegs ist, erlebt überall auf der Welt jede Menge Schikanen auf Schienen, aber manchmal auch erfrischend schlagfertiges Personal. Hunderte Leser haben ihre besten Anekdoten an SPIEGEL ONLINE geschickt – herausgekommen ist die perfekte Lektüre für lange und kurze Zugfahrten. Speziell dann, wenn es mal wieder länger dauert als geplant und Durchsagen wie diese zu hören sind: »Verehrte Fahrgleise, wir bedanken uns für die Verspätung und entschuldigen uns für Ihre Reise mit der Bahn!«

ullstein

US394

»Zum Schreien komisch« *Freundin*

Frau Freitag

VOLL STRENG, FRAU FREITAG

Neues aus dem Schulalltag

ISBN 978-3-548-37457-4
www.ullstein-buchverlage.de

Frau Freitags Klasse ist jetzt in der Zehnten. Alles dreht sich um den Abschluss. Wirklich alles? Während Frau Freitag ihre Schüler nachts auf Facebook an ihre Bewerbungen erinnert und tagsüber durch die Prüfungen schleust, haben Bilal, Emre und Mariam ganz andere Probleme: »Wie kam man eigentlich ins Internet, als es noch keine Computer gab?« – »Moment noch Frau Freitag, gleich fertig mit Handy.« – »Hab ich Selbstbräuner raufgesprüht und heute Morgen voll Schock: voll dunkelbraun.« Aber wie soll eigentlich Frau Freitag ohne ihre Klasse überleben?

ullstein

US391